嗟哉《あわや》　AWAYA

織田信長——本能寺の変に至るリスク意識とは
明智光秀——本能寺の変のはたして首謀者なのか

服部　徹

はじめに

尾張の風雲児信長は尾張統一戦をへて、桶狭間の戦い、上洛戦、姉川の戦い、長篠の戦い、対本願寺・一向一揆の戦いなど名だたる合戦に華々しく勝利し、あれよあれよという間に天下布武の階段を駆けのぼるも、天下統一を目前にした絶頂の時、急転直下、本能寺の変で運命の刻をむかえる。

古往今来、その野心的、改革的、破壊的にして創造的思考に加え、疾風の如き行動を有する希代の強将、織田信長は江戸期以降、今日まで多く人達を魅了し続け、研究者、小説家、マスコミなどもテーマとしてとりあげてきた。

しかし、その一方で鬼神とも呼ばれた信長が幾度も自らの身を実に危ういリスクに晒らしてきたことも同時に認識せねばならない。

本書は初め信長のリスク意識の不足が如何に〝嗟哉〟をまねき、最後は本能寺の変に至ったかを第一次史料から十の実例をあげ、問題点を分析し、現地へも出向き、完結する予定であったが、〝第十回の嗟哉である本能寺の政変〟につ

嗟哉

いては被害者である信長のリスク意識の分析文でなく、加害者である明智光秀の意識の分析も必要と考え第二編として「明智光秀―本能寺の変のはたして首謀者なのか」を追加補填することになりました。

これにより第一編は信長サイドから、第二編は光秀サイドから、各々リスク意識に触れ、本能寺の変の真相に迫ります。

目次

嗟ＡＷＡＹＡ哉

織田信長──本能寺の変に至るリスク意識とは
明智光秀──本能寺の変のはたして首謀者なのか

挿絵　塚原　徹也
八風・千草道の分岐点

情景の写真　服部　徹

はじめに…… 3
第一編
織田信長―本能寺の変に至るリスク意識とは…… 13
序章…… 14
（一）信長の戦《いくさ》…… 14
（二）嗟哉…… 19
序章の情景…… 22
第一章　第一の嗟哉―二三歳…… 25
（一）松川《まつかわ》の渡し…… 25
（二）一騎駆け…… 28

第一章の情景……31

第二章　第二の嗟哉——一三歳その一……34
（一）道三の死……34
（二）信長自ら殿《しんがり》す……37
第二章の情景……40

第三章　第三の嗟哉——一三歳その二……42
（一）那古野城……42
（二）命拾い……43
第三章の情景……47

第四章　第四の嗟哉——一三歳その三……49
（一）実弟信勝の造反……49

（二）稲生《いのう》の戦い……51
第四章の情景……56
第五章　第五の嗟哉—二六歳……58
（一）初上洛……58
（二）刺客……65
第五章の情景……70
第六章　第六の嗟哉—三七歳その一……73
（一）越前出陣……73
（二）朽木《くつき》の危機……81
第六章の情景……96
第七章　第七の嗟哉—三七歳その二……100

（一）千草《ちくさ》越……100
（二）狙撃……107
第七章の情景……112
第八章　第八の嗟哉―四三歳……118
（一）本願寺再挙兵……118
（二）信長負傷す……131
第八章の情景……134
第九章　第九の嗟哉―四五歳……137
（一）安土城……137
（二）天主倒壊……145
第九章の情景……153

第一〇章　第一〇の嗟哉―四九歳……157
（一）人生の絶頂を謳歌す……157
（二）是非《ぜひ》に及ばず……195
第一〇章の情景……205
最終章　信長は病をかかえていた……207
（一）御朦気《ぼうけ》心云々……207
（二）夢幻の如く……217

第二編
明智光秀―本能寺の変のはたして首謀者なのか……227
序章　本能寺の変……229
第一章　変の二年前から史料で辿る謀反の足取り……231
（一）第一段階……231
（二）第二段階……238
（三）第三段階……247
第二章　謀反の兆し……257
第三章　首謀者は誰か……263

（一）本能寺の変の協力者たち……263
（二）本能寺の変後の協力者の様子……266
（三）首謀者……284
（四）光秀の戦略……288

最終章　光秀は病をかかえていた……292
（一）天正四年の大病……292
（二）謀反の一因……296

おわりに……300
参考文献……302

第一編

織田信長―本能寺の変に至るリスク意識とは

序章

（一）信長の戦《いくさ》

群雄相争う戦国時代、細川家の三好氏、大内家の陶《すえ》氏、上杉家の長尾氏、赤松家の浦上《うらかみ》氏、斯波《しば》家の朝倉氏・織田氏など多くの戦国大名は下克上《げこくじょう》によって伸し上がってきた。

当然、この社会現象は止むことなく、三好氏から松永久秀《ひさひで》、陶氏から毛利元就《もとなり》、浦上氏から宇喜多直家《うきたなおいえ》などと下克上は続き、尾張においては斯波氏から見ると陪臣《ばいしん》（家臣の家臣）であった織田弾正忠家《だんじょうのじょうけ》も、四代織田信長に至って、守護・斯波氏、守護代・織田氏を一挙に葬り、尾張を平定し、天下一統に突き進んでいた。

しかし、天下一統を成し遂げるためには、一つずつトーナメントのように勝ち続けねばならない。唯一つの戦いでも致命傷を受けたり、或は食道がんなどによる膈《かく》病を押して出陣し陣中で重篤となった信玄、〝不慮の虫気〟（脳卒中）となった謙信のように、共に酒には目がなくおそらく、それが主因で信長との対決の直前に病死（各々享年五三、四九）すれば、その時点でゲームセットとなる。

本能寺の変でゲームセットとなった信長の主たる全戦歴は八〇戦五一勝一五敗一四分けの勝率七七％と決して低くはないが、信長が畏敬していた戦上手の上杉謙信の七〇戦四三勝二敗二五分けの勝率九六％と比べると見劣りがする。

一方、この二人には重要な共通点がある。共に一九歳で家督を継ぎ、体制が脆弱な初期の段階では殆ど負けていないことである。

信長は尾張平定直後の二七歳の時、桶狭間の戦いで駿河・遠江・三河の大大名、今川義元（永正一六年一五一九～永禄三年一五六〇、享年四二）を討ち果すまで、一三戦一〇勝一敗二分け、勝率九一％（このうち一敗は三河の松平家次が守る今川方の出城、品野城―瀬戸市―に付城《つけじろ》を築き攻撃中、逆に夜襲にあい敗退したもので、致命傷ではない）と高い勝率であるが、謙信に至っては三二歳までの二〇戦無敗である。

ところで、信長の八〇回の一戦一戦は殆どが予め定めた目標に対し、優先順位にそって実行されたもので、目的意識を強く持ちつつその一方でこれを成し遂げる為、信長は絶えず将兵の心に火をつけることに努力し、不測の事態にも驚くべき沈着さをもって敵情を見極め、踏みとどまり、粘り強さを発揮している。

このことは、「信長公記」（注記㈠）にも、最前線で〝懸けまわし、御覧じ〟と敵情を視察し、攻め口を探り、陣構えを決め、或いは状況の変化に素早く対応し、ときにはリスクをとりにいき、劣勢を挽回（第八章）するなど何度も戦いを勝利に導く武将信長の姿が記されていることからも裏付けされる。このことが、戦国期、信長が優れたリーダーであったと言われる所以の一つである。

（注記㈠）本書の主たる史料となる「信長公記」に触れておきたい。
著者、太田和泉守牛一《うしかず》、通称又助（大永七年一五二七～慶長一八年一六一三、享年八七）は、尾張春日井郡山田庄安食《あじき》村の三郷（名古屋市北区中切・福徳・成願寺一帯）の人。信長より七歳年上。桶狭間合戦頃までには信長に直仕。弓三張衆の一人となる。柴田勝家・信長・丹羽長秀・秀吉・秀頼に仕え、「信長公記」は若い頃から書き溜めていた膨大な日記や備忘録に死の直前まで筆を入れ、慶長一五年（一六一〇）池田輝政に自著「信長記」を書写して渡した信長一代記で、特に三四歳の時、信長の旗本として桶狭間の合戦に従軍、その生々しい合戦の様子が記されるなど第一級の史料とされ永禄一一年（一五六八）の上洛から天正一〇年（一五八二）の本能寺の変までの一五年を一年一冊（一帖）ずつまとめた本編と、上洛以前を記した首巻を伴ったものとの二種類となっている。

扨、〝又助（又助）は幼少の時、この常観寺にて成長し、壮年にて還俗して武将（信長の足軽）になりしとぞ〟（尾張名所図絵）とある寺は今の天台宗慈眼山成願寺（北区成願寺町）のことである。その又助は天文二二年（一五五三）七月一八日の二七歳の時、清須攻めに足軽衆として史料上初めて登場している（「信長公記」）。

又助が信長に直仕するきっかけは、矢田川・庄内川原で親衛隊を育成中の信長が、庄内川と分流する矢田川堤にある成願寺で又助と出会ったことではないかと筆者は想像している（拙著「信長の鷹」）。

（二）嗟哉

しかし、である。若い頃、時には敵愾心があると思われる者の懐に飛び込むような大胆不敵な信長の行動も、鉄砲が諸将の常装備となるに従い、時には〝嗟哉〟という事態を招き、直ちにゲームセットとなっても何ら不思議ではない。

勿論、〝嗟哉〟は戦の上だけでなく、自然災害、物に対する好奇心・執着心などからくる気の弛みなどに因る場合もある。

ここで、リスク下における信長の果したリーダーシップを考えねばならない。数々のリスクに直面した時、信長は〝挑戦〟〝撤退〟を戦略に危機を突破してきた。前者は籠城戦よりも信長自ら戦闘にたち親衛隊と一丸となって逆転勝利した桶狭間の戦い、後者は戦略的に袋の鼡《ねずみ》になったと判断し、リスクを突破した金ヶ崎退陣が評価される。が、もう一つの戦略、即ち、〝嗟哉〟というリスクにどう予防・防衛・回避してきたかである。

そもそも、リスクの中には如何ともしがたいものもある。それに近いものが〝嗟哉〟なのであろう。が、これに対し常在戦場の強い意識を継持しつづければ、あるいは〝嗟哉〟というリスクも回避できるのではないか。

それを考察することが本書の狙いでもある。

尚、ここでいう〝嗟哉〟はあくまでも信長一人の身に降りかかるもので、戦局上、不利に展開した時のことを言うのではない。即ち元亀元年（一五七〇）六月二日卯《う》の刻（午前6時頃）から戦端が開かれた絵に描いたような浅井長政・朝倉景健《かげたけ》連合軍との遭遇戦（姉川の合戦）や翌年の5月、二度目の長島一向一揆攻めの際、その退却時追撃をうけ敗退したことなどは、ここでは〝嗟哉〟ではない。

〝事の危急に近づきたる時、驚きて発する声〟である〝あわや〟は嗟哉・険呰児・吐嗟などと表記されるが、この中で本書は、感動詞の〝あわ〟と〝や〟の結びついた〝嗟哉〟を採用したことをお断り致したい。

扨、四九年の生涯の内で、一〇回程〝嗟哉〟に遭遇した信長は、一〇回目の本能寺の変でゲームセットとなるものの九回までは運に助けられリスクを回避できたといってよい。が、そのことに信長自身が気づいていたかは知る由もない。

それでは、〝一〇回の嗟哉〟を信長の年齢を追って検証することに致度い。

序章の情景

①桶狭間合戦（永禄三年一五六〇五月一九日）の前哨戦の舞台となる大高城（今川方）に対する織田方の付城、共に標高三五メートル・砦間四〇〇メートルの鷲津《わしづ》の砦（写真左端）と、丸根の砦（写真右端の奥）をJR大高駅のプラットフォームから遠望。

②慈眼山常観寺《じげんざんじょうかんじ》（現成願寺《じょうがんじ》）は、天平十七年（七四五）、僧行基の創建といわれ、尾張源氏の一族安食氏・山田氏の菩提寺。初め、醍醐寺領安食庄の庄官安食重頼《しょうかんあじきしげより》の法号にちなみ常観寺といったが、〝山田次郎重忠《しげただ》中興のよし〟（「尾張志」）以降、今の寺号となる。写真は、平安中期頃の作とされる本尊の木造十一面観音菩薩立像（市有形文化財）と、山田家伝来の甲冑《かっちゅう》（共に成願寺蔵）。

③大うつけ信長が親衛隊育成の場としたであろう成願寺の直ぐ北東の矢田川左岸（南岸）辺りの遠景。

序章の情景①

序章の情景②

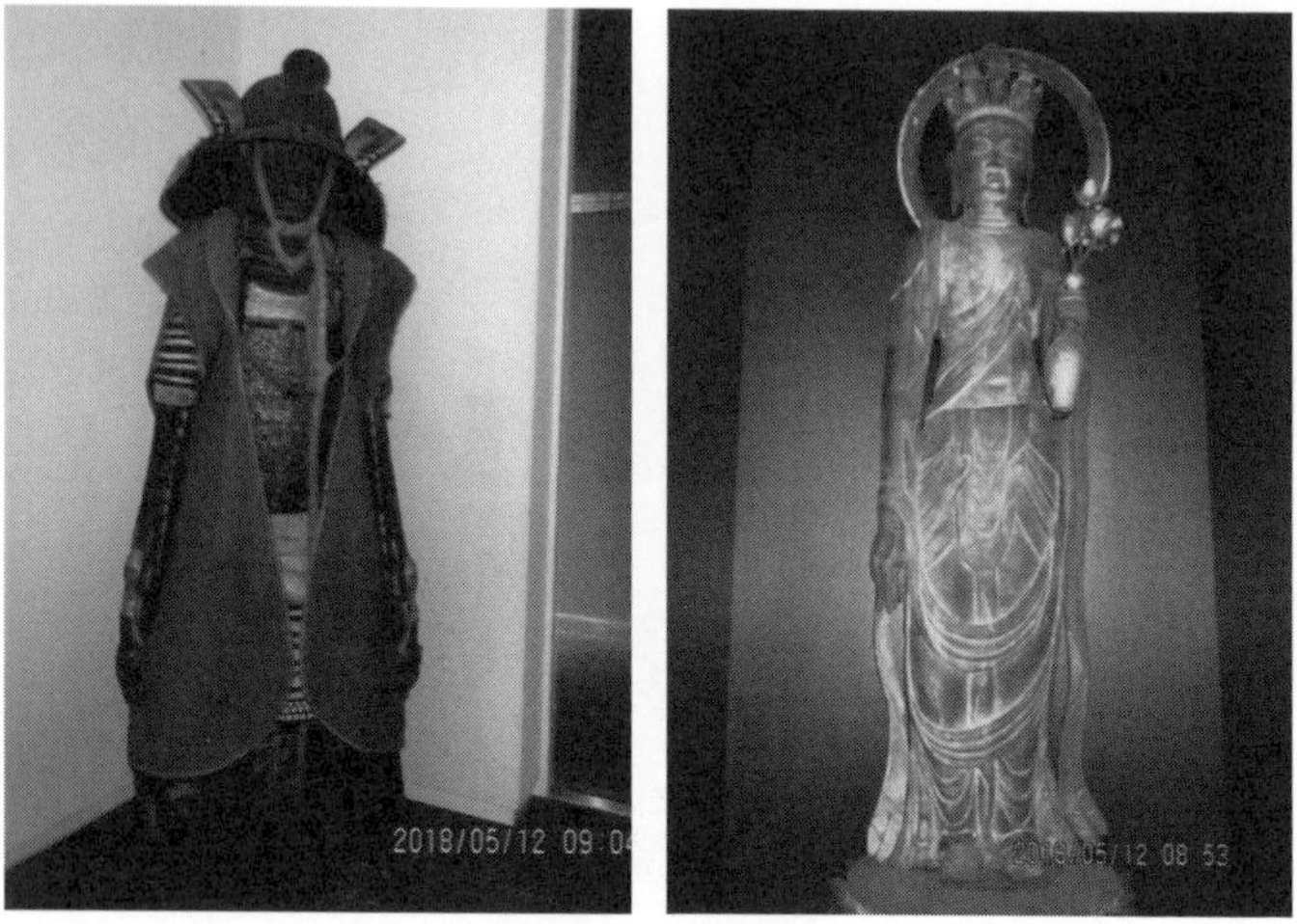

序章の情景②

序章の情景③

第一章　第一の嗟哉―二二歳

［弘治元年（一五五五）、乙卯《きのとう》、六月二六日］

（一）松川《まつかわ》の渡し

ここまでの経過

―天文三年（一五三四）尾張勝幡《しょばた》城（愛西《あいさい》市・稲沢《いなざわ》市）で生まれた信長（幼名、吉法師《きっぽうし》）は尾張織田氏の傍流ながら尾張一の実力者、父信秀の活躍にともない尾張の中原、那古野城（名古屋市中区）に移り、国内外の危機的情勢を敏感に感じながら一六・一七・一八歳にかけて〝うつけ〟を装い徐々に戦闘集団を結成、やがて八百人程の親衛隊をもつに至った。

一九歳の時、父、備後守信秀《びんご》（享年四二）を亡くし、弾正忠家《だんじょうのじょうけ》の家督を継いだ二年後、重臣の中で唯一の味方であった宿老にして守役、平手中務丞政秀《ひらてなかつかさじょうまさひで》が自害したことにより信長は大きな衝撃を受けるが、その一年後、天文二三年（一五五四）五月信長は清須の守護・守護代を滅亡させ、居城を那古野から清須に移した。

しかしその頃、既にすぐ下の弟で末盛城《すえもり》（千種区城山）の勘十郎信勝との確執が表面化していて、弾正忠家内での骨肉の争いが迫っていた。

その時の信勝には、父信秀の終焉の末盛城が譲られ、弾正忠家の有力な重臣、柴田勝家・佐久間盛重・佐久間次右衛門・長谷川宗兵衛・山田弥右衛門らが添えられていた。

これに対し、吉法師（幼名）の時代からの老臣は全て信長の前から姿を消し、弾正忠家の勢力は、恰も信勝に集中するが如くであり、信長は美濃の斎藤道三との同盟を背景にして、辛うじて勢力のバランスを保っていたといってよい。

そして、〝嗟哉は熱田社の奥の院といわれる天台宗松洞山《しょうどうざん》竜泉寺（守山区、名古屋市内の場合、区名以下とし、市名は略す）—尾張四観音の一つ—の山下に広がる庄内川の下流、松川（河）の渡し（春日井市松河戸）で起きた。〟

（二）一騎駆け

弘治元年六月二六日、信勝の下の弟、織田喜六郎秀孝《ひでたか》が供もつれず、単騎で庄内川の松川の渡し付近を通りがかったところ、近くで川狩りをして（川で魚をとって）いた守山城（守山区）主、織田孫十郎信次（信長の叔父）と若侍の内、信次の家臣、洲賀《すが》才蔵が〝馬鹿者乗打を仕候〟と侍の前を馬に乗ったまま通るとは乗打ち無礼であると威《おど》し矢を射かけると、誤って秀孝を射殺。秀孝と知った信次は肝を遺し、一大事と守山城を出奔。この時、秀孝は一五～六歳位で〝容顔美麗人〟で肌は白粉《おしろい》の如くであったという。

これに対して信勝は、家督を継いでいる信長に伺うことなく北西七キロの守山へ末盛から攻め懸け、城下を焼き、生城《はだかじろ》にしてしまう。

この事件を耳にした信長は、何と〝清須より（東方）三里（約一二キロ）一騎がけにかけつけ（単騎で一気に駆け付け）、秀孝は供もつれず馬一騎にて駆け回るから、こんなことになった〟と言って清須に帰ったと、「信長公記」は何とか穏便に収めようとする信長と短兵急で思慮が足りない対処した信勝の緊迫した様子を生々しく記している。

考えてみると、**射殺された秀孝も駆けつけた信長も共に馬一騎だけである。信長が信勝と不穏な関係にある状況の中で起きた〝松川の渡し事件〟は、同じく馬一騎で駆けつけた信長も襲われる危険があることを示しており、この時、信長に〝嗟哉〟が起きても何ら不思議はなかったのである。**

尚、秀孝が射殺された実際の場所は竜泉寺山の下を流れる庄内川から凡そ二キロ下流（現、松川橋から二〇〇メートル下流）に位置した松河戸《まつかわど》（松川）の渡し（春日井市側）、川村の渡し（守山区側）である。

信長は、庄内川と矢田川の合流点から六キロほど上流の〝矢田川河畔、守山口で馬の口を洗いながら〟（「信長公記」）守山城のようすをうかがい、城主逃亡と信勝放火の情報を得るや清須へ帰城したようである。事件現場から離れて様子をうかがい、〝嗟哉〟を避けようとしている姿勢を垣間見ることができるものの、この情勢の中での一騎駆けは矢張り危険極まりないものであった。

尚、一騎がけはその後もある。足利義昭を奉じ上洛した翌年の永禄一二年（一五六九）正月六日、阿波から渡海してきた三好三人衆（三好長逸《ながやす》・三好政康《まさやす》・石成友通《いわなりともみち》）による将軍義昭の宿所である日蓮宗大本山の六条本国寺襲撃の急報に接した信長は、大雪の中、上洛の為、一騎がけに岐阜城を出馬している。が、この時は出馬を触れた上で結局、信長を含め一一騎で本国寺へ急行している（「信長公記」）。

第一章の情景

①尾張東部の東山丘陵の末端部に築かれた二の丸を懐く二重堀に囲まれた末盛城（城跡は城山八幡宮の境内。標高四三メートル。平山城。）を望む。本丸は現、八幡宮境内の広場で、広く東方から南方を見渡すことができた。

②松河戸の渡しから直線距離にして南西二・八キロにある、東西五八メートル・南北五二メートル、一重の堀を巡らす守山城（平山城）を矢田川左岸から遠望。

尚、守山城は信長、二才の天文四年（一五三五）の時、三河の松平清康（家康の祖父）による尾張への侵攻の際、清康の前線基地となった城。が、清康は城内で家臣により謀殺される。世に〝守山崩れ〟と言われる。

③庄内川左岸の松川橋から二〇〇メートル下流の松河戸（川村）の渡しを遠望。

第一章の情景①

第一章の情景②

第一章の情景③

第二章　第二の嗟哉―二三歳その一

［弘治二年（一五五六）、丙辰《ひのえたつ》、四月二〇日］

（一）道三の死

二年前の天文二三年（一五五四）三月、家臣の造反により家督を子の義龍に譲った美濃の斎藤道三は、弘治二年四月二〇日、多くの国衆が道三から人心が離れ義龍に属する中、信長を敵視する義龍と長良川畔で骨肉の戦いとなる。

道三の婿の信長は、道三救済の為、大良《おおら》（羽島市正木町大浦《おおら》新田）に本陣を構えると、木曽川を渡り兵を展開した（注記㈡）。が、道三の敗死を知った信長は、権謀術策による成功と破綻を地でいった道三の死を哀しむ間もなく、即刻退却を開始する。一方、道三の首実検を終えた義龍は信長の陣所がある大良口への攻撃に移った。

そして〝嗟哉は大良口の木曽川河畔で起きた〟。

（注記㈡）
大良と木曽川の位置について触れておきたい
木曽川の川湊（港）の大良（大浦、大羅）にある砦は、戸嶋東蔵坊という僧が住持していた寺跡を改修したものと伝えられている。道三救援の為、信長はここを本陣とするが、奇怪なことに砦の中の屋敷の内外から多数の銭がめが出てきて、ここもかしこも銭で一杯になった（「信長公記」）という。その予兆は吉か凶かと噂になったのであろう。
尚、ここで一つ注意しておかねばならないことがある。天正一四年（一五八六）六月二四日、美濃尾張大洪水により木曽川は大きく河道を変え、村里崩れ流れ、今の木曽川筋が出来る。木曽川と呼ばれるのはこれ以降のこととされる。が、弘治二年のこの当時、大良の砦は木曽川を渡る手前にあって尾張国に属し、美濃に対する尾張の軍事拠点であった。「信長公記」の首巻は、木曽川を渡り大良に本陣を置いたと記しているが、河道が変わる前のことを失念していたと考える。

（二）信長自ら殿《しんがり》す

四月二〇日、押し寄せる義龍勢と河原で衝突、足軽合戦となり苦戦したが、〝雑人《ぞうにん》（兵）・牛馬などを先に退かせることを命じ、信長は自ら殿《しんがり》〟をつとめ、全ての兵が木曽川を越したところへ、義龍方の騎馬武者が数騎、川縁《かわべり》まで駆けてきた。

その時、信長は鉄砲を打ち、敵が怯み近づかなかったのを見計らって、残しておいた一艘に飛び乗り川を越したと「信長公記」は記す。

信長は鉄砲名人で、二年前、道三からの援軍（安藤守就《あんどうもりなり》、一千）を清須方に対する備えとすると、那古野城から初の遠征の為出陣した村木砦攻略の時と同様、恐らく小姓衆が準備していた数挺の鉄砲を取っかえ引っかえ連射したのであろう。予め備えていた筋書き通りの見事な撤退であった。

しかし、義龍軍も鉄砲を装備していることを考えると、その筋書きは一気に崩れる危険をはらみ、嗟哉が十分考えられたのである。

信長は、道三と救援の約束をした通り、木曽川を渡り義龍軍と合戦となったが、一一歳の時、父信秀が道三との戦いの際、逆襲を受け木曽川に追い詰められ、二、三千人が溺死し、大敗北を喫していたことを決して忘れていなかったし、清須城の留守も心配であった。今回の義龍の合戦に際して、予め撤退の段取りは十分に考えていたようである。

予想された通り道三の死は、反信長方を義龍が支援するという事態をもたらした。実弟信勝とその臣、柴田権六勝家のみならず、本来、筆頭家老で、信長から那古野城を預けられていた林佐渡守新五郎秀貞まで、信勝の擁護を明らかにし、岩倉城の織田信賢《のぶたか》も信長に敵対することになったのである。

いずれにせよ、〝大うつけ〟〝大たわけ〟と評されていた満一九歳の青年との唯一度の冨田《とみだ》聖徳寺（稲沢市・旧尾西市）の会見で並々ならぬ力量を見抜いていた道三は、天文二二年（一五五三）以来、信長が一番辛い時代の三ヶ年、支援を続けてきた。その道三が戦国の舞台から姿を消し信長は国内で孤立無援の苦境に陥ったのである。

以降、内には反信長勢力、外には虎視眈々と尾張を狙う隣国の駿河遠江・三河の大大名、今川義元、美濃の斎藤義龍など戦国大名が勢いを増すことになる。

愈々、信長は〝大うつけ〟と評されつつ、必死に育成してきた親衛隊を率い、戦国の舞台へ打って出ることになる。

第二章の情景

①信長と義龍が激突した大良口の木曽川畔の辺《ほと》りを遠望。
②大良の砦付近（羽島市正木町大浦新田）の近景。

第二章の情景①

第二章の情景②

第三章　第三の嗟哉──二三歳その二

［弘治二年（一五五六）、丙辰《ひのえたつ》、五月二六日］

（一）那古野城

信長は男一二人、女一三人の二五人兄弟である。その中で、〝第一の嗟哉〟で出奔した孫十郎信次の跡、守山城主となっていた弟の安房守秀俊を伴い、信長は清須から驚くことに唯二人で那古野城に赴いたのである。

そして、〝嗟哉は那古野城内の林秀貞の屋敷で起きた。〟

（二）命拾い

五月二六日、驚いた那古野城代林秀貞に対し、弟の林美作守は〝能仕合《よきしあわせ》にて候、御腹めさせ候はんと〟願ってもない大変良い機会であるから、腹を切らせようと持ちかけたが、これに対し秀貞は〝三代相思の主君とおめおめと爰《ここ》にて手に懸討つことは天道の怒りも、まことにおそろしいことで、今は御腹めさせましき〟と言って命を助け、そのまま信長を帰した（「信長公記」）という。

運否天賦《うんぷてんぷ》ともいえる信長のこの様な行動は、たとえ秀貞の離叛心を翻そうとする考えに因るものとしても、リスク管理の上からも言語道断にして単なる軽はずみと表裏一体のものである。今回は秀貞の逡巡によって、信長謀殺は実現しなかったが、もし、秀貞がその時不在で弟の美作守だけが在城していたとしたら、信長の運命は間違いなく嗟哉を通し越し、ゲームセットになったと考えるからである。

考えてみると、二年前の天文二三年（一五五四）一月二一日、知多半島の同盟者水野信元の居城、緒川《おがわ》城と那古野との間を遮断することを目的に今川氏が築いた村木砦を攻略すべく信長は那古野から出撃しようとしていた。ところが、清須方の攻めを心配した信長が留守を道三に依頼して、美濃の安藤守就《もりなり》率いる千人を受け入れたことに林兄弟は不服を申し立て、出撃の前日になって与力の前田与十郎の居城、荒子《あらこ》城（中川区荒子）へ立ち退くという離叛の態度を示していたし、柴田勝家とともに末盛城の信勝を守立て、信長に逆心する風説も流れていた。そのような折も折、信長が飛び込んできたのである。

信長が帰った何と僅か一両日後、林兄弟は那古野城で挙兵し、清須と〝なこ屋〟（那古野）の間にある与力である前田氏の荒子・中川氏の米野《こめの》（中村区下米野）・大秋氏の大脇《おおわき》（中村区大秋《おおあき》）の諸城を引き込み、信長に真っ向から敵対しており、信長は正に危機一髪、命拾いしたのである。

ここで、この章に出ている人物について簡単に記しておく。

先ず、林秀貞は、信長生誕の前年、天文二年（一五三三）七月二七日条の「言継卿記」に史料上初めて登場している。天文一〇年頃、勝幡城から那古野城に移ってきた幼少の信長に付けられた四家老の内の一人で、〝一長《いちのおとな》〟と呼ばれ、筆頭であった。その後、反信長を鮮明にするも、稲生の戦いで大敗。戦後赦され、執事として信長に仕え、天正年間、老臣として家臣の上位に名を連ねているものの、余り活躍は見られない。天正八年（一五八〇）八月、突然、遠国へ追放される。〝そのわけは、弘治二年五月、那古野城内で（信勝を擁護しようとしていた林兄弟により）信長公が窮境に立たれたとき〟（「信長公記」）即ち、二四年前の罪を信長が持ち出したという。

その後秀貞は、南部但馬と改名し京都に潜伏。同年一〇月一五日没す。享年不明。墓所は千種区の平和公園特別墓地にある。子の新二郎は天正元年一〇月二五日の長島一向一揆攻めで退却の時、殿《しんがり》を務め討死。子孫は尾張藩士として存続。

次に信長に同行し危うく命拾いした秀俊は、数日後、男色の縺《もつ》れで家臣に攻められ自害しているが、秀俊を殺害した角田新五なるものは、何故か、信勝に奔っている。

その後、信長は出奔していた信次を捜し出し、再び守山城主とした。その信次も、一八年後の天正二年（一五七四）七月長島攻めに信長に従軍、九月二九日の最後の戦いで討死している。

第三章の情景

①名古屋城の二の丸庭園の脇にある那古野城の古碑（写真右端）から西方の辰巳《たつみ》（東南）櫓《やぐら》（国重要文化財）を望む。那古野城は近世の名古屋城二の丸付近（「金城温古録」）とされていたが、その後の発掘調査で、三の丸の郭内にも近世の遺跡が埋もれており、相当規模の広がりをもった城郭であることが分かってきた（「新修名古屋市史第二巻」）。

②名古屋城二之丸大手二之門から二之丸西方を望む。

③その辰巳櫓の太い竪格子《たてごうし》がはめられている窓から名古屋城と本丸殿をのぞむ。

第三章の情景①

第三章の情景③

第三章の情景②

第四章　第四の嗟哉―二三歳その三

［弘治二年（一五五六）、丙辰、八月二四日］

（一）実弟信勝の造反

信勝方となった那古野城代・林秀貞とその弟美作守、信勝の臣・柴田勝家らは、於多井川《おたいがわ》（庄内川）以東にある信長の直轄領、御蔵《みくら》（台所）入地《いりち》の篠木《しのき》三郷（春日井市内津《うつつ》。内々《うつつ》神社は中世、篠木庄三三ヶ村の総鎮守）を押領し露わに反意を示し、信勝擁立を鮮明にした。弾正忠家の勢力のバランスが崩れるきっかけとなった道三の死から僅か四ヶ月後のことである。

これを受け信長は機先を制するため、八月二十二日、於多井川（小田井川）を渡った那古野城の北方、名塚《なつか》に砦（西区名塚。現、白山神社内）を築き、佐久間大学盛重（信秀の時代からの臣。初め信勝付であったが、その後信長に奔った。桶狭間の前哨戦、丸根砦の戦いで討死）を入れ、信勝方に対し攻撃的姿勢を示した。

翌二三日、名塚砦は未完成で、その上雨で於多井川は増水し、川嵩が増し信長の救援は困難であろうと考え信勝方が出撃してきた。

そして、〝嗟哉は稲生《いのう》の村はずれ（西区）で起きた〟。

（二）稲生《いのう》の戦い

砦の東方、稲生の村はずれの街道を西向きに攻めてくる柴田軍千、砦の南の田圃から北向きにかかってくる林美作守五百に対し、砦からの急を聞き、清須城から意表をついて霖雨で増水していた於多井川を渡ってきた信長軍七百は、午の刻（午後零時頃）、那古野城から北西三キロ、清須城から南東五キロの稲生の村はずれの稲生ヶ原で激突。が、この時、信勝は末盛城に閉じ籠もっていて、柴田・林の両軍にその姿はない（注記㊂）。

先ず、信長は兵の過半を柴田勢に向けた。やがて、崩れた先手が信長の本陣に逃げ込んできた。本陣には旗本衆・鑓持《やりもち》の中間《ちゅうげん》衆四〇人ばかりしかいなく信長は窮地におちいったその時である。

〝上総介殿大音声を上、御怒なされ〟、この信長の怒髪天を衝く様子に圧倒された柴田軍は、〝さすがに身内の者共に候間、御威光に恐れ立とどまり〟、ついに逃げ崩れた。直後、矛先を南に転じた信長軍は、林美作守勢に襲いかかる。信長は自ら槍をふるい美作守を討ち無念を晴らし、美作勢を追い崩した。

翌日の清須城での首実検では敵将、美作守の首は信長が討ちとったと披露されたと「信長公記」は伝える。

しかし、この勝利の一番の因は、たまたま敵が各々二つの城から違う方向に時間差をおいて攻撃してきたため、信長軍は各個に一つずつ対応でき、運よく勝利したということである。

考えてみると、末盛城から出撃した柴田勢に那古野城から出撃した美作守勢が示し合わせ、初めから一体となって攻撃すれば、二倍余りの軍勢に対し恐らく信長軍は総崩れとなり、先頭で戦っていた信長は〝嗟哉〟となり、乱戦の中で弓・鉄砲で討たれていたことであろう。まさに天佑《てんゆう》神助《しんじょ》であり、九死に一生を得たのであった。

尤も、信長の軍は初期の段階では、精鋭であっても七、八〇〇人程の少数であったため、多勢に無勢では、最前線の先頭に信長自ら立つことはむしろ当然で、已むを得ないことではある。そのことは、「信長公記」に記されているように、〝懸けまわし、ご覧じ〟〝懸廻り〟などして兵を奮い起こさせ、攻め口へ導くだけでなく、自ら槍を持って乱戦の中に突入し時には足軽の如く又、鬼神の如く奮戦、何度も不利な形成を逆転し、勝利を捥ぎ取っている。

いくら戦国期でも、これほどまでに戦う大名は類を見ない。だからこそ、天下一統へ突き進むことができたともいえる。そう考えると、その行動は全て〝嗟哉〟なのであろう。

が、その中で、この稲生の合戦は信長にとって、後の桶狭間の戦い、金ヶ崎の退き口（浅井長政の裏切り）、などとは比べようがない程の最大のリスクであり特に、そして著しく〝嗟哉〟であったのである。

その後の武蔵守勘十郎信勝と二度も兄に謀反した背景について触れておきたい。

（注記㈢）

末盛城と那古野城に各々、籠城した信勝と林秀貞について、末盛城に居住していた信長の実母（土田氏。後、大方殿様。法名、報春院《ほうしゅんいん》）は信長の重臣村井上貞勝、島田秀満を仲介として和睦を図り、信勝、勝家らを同道して、清須城で信長の赦免を得た。

その後、信勝は永禄元年（一五五八）三月、岩倉城の織田信賢と謀り竜泉寺（守山区。第一章参照）に城を築き、再び篠木三郷を押領するも柴田勝家から密告を受けた信長は同年一一月二日、仮病を装い、清須城に見舞いに来た信勝を誘殺した。

二度も信長に謀反するという信勝の強気な背景について。

〝弘治三年（一五五七）の春より尾州の侍、皆、駿河へ心を寄、……又、信長の弟、織田武蔵守も義元と内通し、兄の名信長をたをし、其跡を知行せんとの儀也〟（「松平記」）の如く今川義元と通じ美濃の斎藤高政（義龍）とも誼みを通じ（「弘治三年四月一九日、織田武蔵守宛斎藤高政書状」徳川美術館蔵）信長にとって代わろうと策略していたようでありそして、信勝の数々の事業をみても何としても弾正忠家の家督をつぎたいと考えていたことが分かる（拙著「信長四七〇日の闘い」）。

尚、林秀貞は信長に赦された後、依然として老臣にとどまるも、執事といった立場となっている。

第四章の情景

①稲生ヶ原合戦跡〝旧蹟庚申塚〟（写真左、大木の付近）の近景。

②名塚砦跡とされる白山神社の近景。

第四章の情景①

第四章の情景②

第五章　第五の嗟哉―二六歳

［永禄二年（一五五九）、己未《つちのとひつじ》、二月三日］

（一）初上洛

隣国の駿河《するが》・遠江《とおとうみ》・参河《みかわ》の大大名である今川義元の尾張侵攻が差し迫り美濃の斎藤義龍からも圧迫を受ける中、尾張平定の目処をつけた信長は突然、清須城を発ち伊勢路から八風峠を越え近江志那の渡し（草津市）から坂本（大津市）へ着岸、志賀越えに北白川口より渡り上洛。

その時の状況を様々な史料が記している。公卿、山科言継《やましなときつぐ》（補①）の日記「言継卿記」二月二日条には、〝尾州より織田上総介《かずさのすけ》上洛と云々、五百計《ばかり》と云々、異形の者多しと云々〟と記され、「信長公記」にも〝去程に、上総介殿御上洛の儀、俄に仰せ出され、御伴衆八十人（従者を加えると総勢五百計となるのか）の御書立《おんかきだて》（名前を発表）にて上洛。京・奈良・堺見物し、一三代将軍足利義輝に謁見し在京。……大のし付きの太刀（鞘《さや》に金銀の金具を付けた太刀）に車を懸て（太刀の小尻《こじり》に車を付け）御伴衆皆のし付にて候也〟と上洛は晴れがましい儀であると装いをこらした信長の一行に、京の人々は異様な身なりの集団だと驚いている。

長期に渡り、三好長慶《みよしながよし》と敵対し近江朽木《くつき》（高島市朽木）に亡命していた義輝が長慶と和睦し、前年の一一月に五年ぶりに帰洛していたが、地位の保全を図るべく、多くの実力大名に上洛を命じていた。

しかし、これに応じたのは二月の初めに上洛した信長と四月二七日まで在京し足利氏の相伴衆に列した美濃の斎藤義龍、そして四月二七日から八月末、越後に戻るまでの長期に渡り在洛、足利一門や管領に準じる特権の他鉄砲の玉薬に関する書が与えられた長尾景虎（上杉謙信）の三人だけであった。

ところで、信長の上洛目的は何かである。〝上洛シ将軍義輝公へ参勤ヲ逐尾張守護職を拝セラル〟と「清須合戦記」にあるが、江戸中期の軍記もので信頼はおけない。おそらく義輝の入洛を祝うことを名目に上洛し、「天下」の中心地京都と商業と鉄砲生産の中心地湊・堺を見聞することであったと推察している。但し、堺に立ち寄った形跡はないが。

閑話休題。

そして、〝嗟哉は小川表の旧細川晴元邸（補②）附近で起きた〟。

尚、ここで言う小川表の細川邸、足利将軍（義晴）邸（「花の御所」）などは、天正二年（一五七六）六月下旬頃、信長が狩野永徳に描かせ、上杉謙信に贈った「洛中洛外図屏風」（通称、上杉本。六曲一双。米沢市蔵）の左隻にリアルに描かれている。京都の情報がもられたこの屏風は、当時の戦国武将にとって最高の贈り物であり、信長の思惑通り謙信の歓心を買ったに違いない。

補①
山科言継《やましなときつぐ》
永正四年（一五〇七）～天正七年（一五七九）。享年七三。正二位。権大納言。
山科家は代々皇室財政の一端を担う内蔵寮《うちくらりょう》の長官。戦国期、皇室が衰微した時、その尽力は名を残す。特に、装束に関する有職故実《ゆうそくこじつ》を家業として相伝。約五〇年にわたる日記「言継卿記」に自筆本も現存する。家集に「権大納言言継卿集」がある。

補②

細川晴元《ほそかわはるもと》

永正一一年（一五一四）～永禄六年（一五六三）。享年五〇。清和源氏、足利一門衆。澄元《すみもと》の子。

大永七年（一五二七）、前将軍義澄《よしずみ》の子、義維《よしつな》と共に領国阿波から堺に移ると将軍足利義晴を奉じて近江朽木に亡命していた管領細川高国と戦い敗死させ、京を支配。が、天文二一年（一五五二）、臣の三好長慶に敗北。失意の内に没す。

子の信良《のぶよし》（昭元）は後、信長の庇護を受け、信長の妹於犬を娶る。尚、晴元邸は東西の上立売《かみたちうり》通りが南北の小川通りと交差する北西の角、小川表にあった。

信長が上洛した永禄一二年には晴元は三好長慶に敗れ、剃髪して京を追われている。

足利義輝《あしかがよしてる》

天文五年（一五三六）～永禄八年（一五六五）。享年三〇。一二代将軍足利義晴の長子。天文一五年（一五四六）、一三代将軍となる。

管領細川晴元が三好長慶らと争乱を起こすと、近江に移ったが天文二一年（一五五二）、管領細川晴元を討ち破って幕府の実権を握った長慶と和して帰洛。その後、再び晴元と結んで長慶を除こうとしたため、長慶に追われ近江朽木に逃れるが、永禄元年和解して帰洛。翌永禄二年（一五五九）、信長・斉藤義龍・長尾景虎（上杉謙信）に会う。永禄八年（一五六五）、松永久秀・三好義継（長慶の子）らに殺される。

三好長慶《みよしながよし》

大永二年（一五二二）～永禄七年（一五六四）。享年四三。三好元長の子。

管領細川晴元の臣として細川氏綱と戦い一族の三好政長を滅ぼし、上洛して足利義輝と戦い近江に追い、京都の最高権力者となる。その勢力は山城（京都府）・摂津（兵庫県・大阪府）・河内（大阪府）・大和（奈良県）・和泉（大阪府）・淡路（兵庫県）・阿波（徳島県）・讃岐（香川県）に及び、三好氏の全盛期をつくった。晩年は松永久秀に勢力を奪われる。

（二）刺客

扨、信長が上洛した五日後のことである。

信長は突然帰国する。〝尾州之織田上総介昼立帰国云々〟と山科言継《やましなときつぐ》の「言継卿記」の二月七日条や〝尾州織田弾正忠上洛、雑説《ぞうせつ》ありて、俄に罷り下る云々〟と真言宗醍醐寺理性院《だいごじりしょういん》の厳助《ごんじょ》（明応三年〜永禄六年？）の「厳助往年記（下）」に記され、「信長公記」にも〝四、五日過ぎ、上総介殿、守山（旧、野洲郡守山。現、守山市）まで御下。翌日、雨降なるも、払暁《ふつぎょう》（あけがた）に発ち、相谷《あいだに》（旧、神崎《かんざき》郡永源寺。現、東近江市）より、八風《はっふ》峠を越え、清洲迄二十七里（一〇六キロ）。その日の寅刻（午前四時頃）、清洲へ御参着也〟とある。

気になるのは、突然忙《せわ》しなく帰国したことである。

尾・三の国境で異変が発生したのか。或いは今回の上洛は敵対する美濃の斎藤義龍に先んじたもので、以下に述べるように上洛した信長に対し、数人の刺客を送り込んだ義龍が更なる不穏な動きをしたことを察知でもしたのであろうか。恐らく主命をおびた刺客が再度態勢を整え、必死になって信長を狙ってくると考えたのであろう。

「信長公記」によると、清須の那古野《なごや》弥五郎（那古野庄那古野氏の一族で那古野勝泰《かつやす》。家臣の三〇〇人程のかなりの大身）の家来、丹羽兵蔵という者が上洛の途次、偶然、信長を暗殺しようとする五、六人を頭とする三〇人程の義龍の刺客を発見。追跡して刺客たちの宿を確かめると、二月二日の夜中、〝室町通り上京《かみぎょう》の裏辻《うらつじ》（京都市上京区裏築地町《うらつきじちょう》）〟（補③）の信長の宿所を尋ね、刺客の情報を報告。信長に命じられ直ちに美濃衆の宿へ出向いた金森五郎八長近《ながちか》（補④）は、〝信長公は全て承知。信長公に挨拶なされよ〟と言い放つと、美濃衆は顔色青ざめ仰天した。

二月三日、約束通り、小川表に現れた美濃衆に〝討つ手として上洛し、未熟者の分際でこの信長をつけ狙うとは……爰にて、可仕候哉（ここで勝負をつけようか）〟と信長が啖呵を切ると、刺客の頭六人の衆はたじろいだと伝えている。

しかし、考えてみると仮に信長がリスクを予防するため弥五郎に命じ、弥五郎が美濃の動きを監視するよう兵蔵を放っていたとしても機転の効く丹羽兵蔵なる者が、偶々上洛中であったこと。偶然出会った集団が人目を避け怪しい様子であった為あとをつけ京の宿を確かめ探りを入れ、集団が美濃の刺客であり〝将軍義輝公の決心さえつけば鉄砲で信長をうち殺してもさしさわりがない〟と美濃衆が言っていた（「信長公記」）という情報を得ていたこと。そうした偶然がなければ、信長は〝嗟哉〟となりゲームセットとなるリスクを孕《はら》んでいたのである。

尚、〝今度、奇特成御忠節申由候而、丹羽兵蔵被召出、御知行被下〟機転を利かせた丹羽兵蔵の働きに対し信長は直参に取り立て知行を与えたようである（天理本「信長公記」天理大学附属天理図書館所蔵）。

補③

室町通り上京うら辻（上京区裏築地町）

東西の今出川通り、南北の烏丸通りを基点として南西に位置し、同志社大学寒梅館の西側にあたる。〃うら辻〃とは花御所（室町殿）の正門の前に建てられた〃裏築地〃という塀が地名となったもの。尚、今出川通りが南北の室町通り（烏丸通りの一本西）と交差する北東の角に〃室町幕府址碑〃がある。

中世、上洛する侍や軍勢は自前の屋敷や宿所を持っている場合を除いて、その多くは寺院や公家屋敷あるいは町屋に寄宿しており、永禄二年、上洛してきた信長たちは寺院ではなく、裏築地町の複数の町屋に分かれて寄宿したと考える（「信長が見た戦国京都」河内将芳著）。

補④

金森五郎八長近

大永五年（一五二五）～慶長一三年（一六〇八）。享年八四。信長馬廻衆。越前衆。本能寺変後、秀吉方として飛騨一国の支配者。後、家康に従し、美濃六万一千石を領す。

第五章の情景

①烏丸通から北西方向に望まれる大聖寺門跡と同志社大学寒梅館。その西側には信長が宿とした上京裏築地の町が広がる。大聖寺門跡には足利将軍邸「花乃御所」石碑。寒梅館の上立売通り沿いには、室町時代後半、第一二代将軍足利義晴期の石敷きの遺構がみられる。
②今出川通りに面した〝従是東北、足利将軍室町第址の碑〟から室町通りの北方の上洛した信長が宿とした室町通り上京裏辻（上京区裏築地町）方向を望む。
③室町通り上京裏辻付近の近景。
④小川通りから上立売り方面の信長が美濃の刺客と出会った小川表を望む。

第五章の情景①

第五章の情景③

第五章の情景②

第五章の情景④

第六章　第六の嗟哉—三七歳その一

［元亀元年（一五七〇）、庚午《かのえうま》、四月二九日］

（一）越前出陣

ここまでの経過

—永禄三年（一五六〇）、桶狭間の戦いで今川義元を討ち、永禄一〇年（一五六七）稲葉山《いなばやま》城（岐阜市）を攻略。翌、永禄一一年足利義昭を奉じて上洛を開始。互に内通していた近江湖南の六角氏と三好三人衆（補⑩、補⑬）を蹴散らし瞬く間に畿内を平定。その結果、義昭は十月一八日、念願の征夷大将軍の宣下を受けることができた。しかし、その翌年の一〇月頃から義昭と信長の対立が始まる。

永禄一三年一月二三日、信長は一九ヶ国の諸大名に〝禁中修理、幕府への御用、天下静謐の実現のため上洛し、天皇・将軍に遅れることなく礼拝しなさい〟という触状《ふれじょう》を出した。（二条宴乗日記抜書「増訂織田信長文書の研究」二一〇）

が大勢の大名が上洛する中、越前の朝倉義景《あさくらよしかげ》はこれを無視した。

四月二〇日早朝、勅命と将軍の上意を上手くとりつけ大義名文を得た信長は朝倉義景討伐のため、幕臣、公家衆も引き連れ軍勢三万（「言継卿記」）にて京を出陣し、坂本（大津市）を越え、和爾《わに》（大津市）、田中（高島市安曇《あど》川）、遠敷《おにゅう》郡の熊川《くまかわ》（三方上中郡若狭）から佐柿《さかき》の国吉《くによし》城（三方郡美浜）を経て、二五日、越前の敦賀表に侵入した。

尚、この二日前の二三日には、元号が永禄（一三年）から元亀（元年）に改元されている。

麓の気比《けひ》神宮の社殿が炎に包まれる中、信長は標高一七四メートルの山頂にある天筒《てづつ》山城とその北西端の海に突出した岬にある義景の従兄弟、朝倉景恒《かげつね》が守る敦賀郡の朝倉氏の主城金ヶ崎城《かねがさき》（敦賀市）を力攻めにして相次ぎ陥れた。そして朝倉氏の軍船を壊滅させた革島一宣《かわしまかずのぶ》（補⑤）の軍功を賞している内、早くも織田軍の先陣は標高六二八メートルの木ノ芽《きのめ》峠を越え、越前本国へ乱入しようとしていた。

全てが都合良く運び喜色満面の信長のもとに、驚天動地の飛報が方々からもたらされる。信長の義弟、江北小谷城主浅井長政の謀反である。この時、長政に嫁した於市からの袋の跡先を縄にて結びきり封をつけて兄信長にとどけたという（「朝倉家記《あさくらけき》」）袋のネズミを意味する急報は真偽不明なるも、有名な逸話である。

朝倉・浅井に南北から挟撃され、袋のねずみとなったと悟った信長はこのリスクを突破するため〝是非に及ばず〟と、世に〝金ヶ崎の退《の》き口〟と呼ばれる撤退を決意した。

〝金ヶ崎に木藤（木下藤吉郎秀吉）、明十（明智十兵衛光秀）、池筑（池田筑後勝正）その外残し置かれ〟（「武家雲箋《ぶけうんせん》」）とあるように、殿軍《しんがり》として三将を残し四月二八日の夜、退却を開始した信長は、浅井軍が既に塞いでいるであろう塩津（長浜市西浅井町）・海津（高島市マキノ町）の西近江路を避け、保坂《ほうざか》（高島市今津《いまづ》）から葛川《かつら》（大津）へ抜ける朽木越《くつきご》えを決心する。が、問題は領主、朽木元綱《くつきもとつな》（補⑥）の反応であった。

そして、〝嗟哉は花背峠《はなせ》（京都市）を源流とし琵琶湖に注ぐ安曇川《あど》の中流が綾なす美しい朽木谷（高島市朽木岩瀬）で起きた〟。

尚、金ヶ崎の退き口の時、殿軍をつとめたのは、「信長公記」や徳川方の史料「当代記」には志願した秀吉だけと記されているが、前述の通り、かつて義輝の近臣で義昭の幕臣の一色式部少輔藤長の八上城（丹羽多紀郡）主波多野秀治《はたのひではる》宛の五月四日付の書状（「武家雲箋」）には、三将が残ったと記されている。しかし、「信長公記」によると、信長の命で丹羽長政とともに光秀が若狭の武田氏の臣、武藤上野介友益の母を人質にとり、五月六日、遠敷《おにゅう》から峻険な針畑峠を越え、近江をへて鞍馬口から入洛し、信長に報告しているため、光秀は金ヶ崎の退き口の殿軍にいることには無理がある。

ここでリスク突破をした金ヶ崎の退き口について少し触れておきたい。兵力の上からは、浅井の兵力五千、朝倉の兵力一万五千計二万に対し、三万の信長が断然優位にもかかわらず、何故撤退したのかについてである。

○三万の軍勢の中には摂津守護池田勝正《かつまさ》・大和の松永久秀など足利幕府の幕臣の他武家、昵近《じっきん》公家衆（公家御相伴衆《ごそうばんしゅう》）と呼ばれる飛鳥井雅敦《あすかいまさあつ》・日野輝資《ひのてるすけ》に烏丸《からすまる》・高倉等を加えた公家衆も相当数参陣しており、混戦の場合足手纏いになる危険性があること。

○本陣より二、三日前に出陣した先陣の出陣から十日近く、たっており、岐阜・京都から敦賀まで兵站がのびていること。

○海と山脈にかこまれた敦賀という敵地での挟み撃ちをうけることは地勢的に不利であること。
○突然のこと故、浅井・朝倉軍について、十分に情報を得ず受身で且つ両面で戦うことは戦力を急激に消耗する危険があること。
○一転して挟み撃ちを受ける信長方は兵力を分散され、心理面でも不利なこと。

などが考えられ、信長はすばやく京都への撤退に移ったと考えたい。

この歴史上見事な撤退は、先の太平洋戦争中の昭和一八年（一九四三）七月一五日、アリューシャン列島キスカ島守備隊員五千を無事帰還させた木村艦隊による奇跡の撤退を彷彿させる。

補⑤

革島一宣

永正六年（一五〇九）～天正九年（一五八一）。享年七三。山城国西岡一六党の一つ、革島城（京都市西京区）の革島氏第一八代。元亀元年越前攻めの際、参戦を申し出て朱印状を受け、越前の諸浦にある朝倉方の軍船集め成敗し、信長から西岡革島の在所他を安堵される。

その後、細川藤孝の与力として、信長家臣団を組み入れられる。革島氏は西岡に近い嵯峨で、後、朱印船貿易で知られた角倉《すみくら》家とも姻戚関係になる。

補⑥
朽木元綱《くつきもとつな》

天文一八年（一五四九）～寛永九年（一六三二）。享年八四。近江守護佐々木の流れを汲む朽木氏は、承久の変（承久三年一二二一）の後、地頭として入部し、近世末まで朽木を支配するという珍しい例である。足利将軍家の奉公衆である元綱は、永禄一一年、信長とともに上洛した足利義昭から一〇月一四日、名字の地を安堵され、又、同年一二月一二日、浅井氏より高島郡内で千石の新地宛行《あてが》いと守護不入の約束を含む起請文を受けている。が湖西までは浅井氏の勢力は強くなかった。

その後、信長の直臣となり、本能寺の変後は秀吉に属し、朽木谷を含め高島郡内九千二百を安堵される。関ヶ原の役では戦いの最中、西軍の大谷吉継から寝返り吉継軍を攻め、戦後高島郡内、九千五九〇を知行する。

尚、室町時代、足利氏一〇代義稙《よしたね》・一一代義澄《よしずみ》・一二代義晴・一三代義輝・一五代義昭の五人の将軍が都を逃れ朽木氏を頼っている。朽木岩瀬の興聖寺の旧秀隣寺の庭園は将軍の居館のためにつくられた名勝。

（二）朽木《くつき》の危機

四月二九日、信長主従一〇人程が朽木谷に達した時、退き口の先駆けをしていた松永久秀と森三左衛門可成《よしなり》（補⑦）は元綱と接触した。この間、元綱に敵意がないことを確認できるまで信長は朽木三ツ石の岩窟〝信長の隠れ岩〟に身をひそめ待機していたと伝わる。

元綱は久秀の助言で甲冑でなく単衣広袖《ひとえひろそで》を着し、信長を安心させ、三ツ石から南へ約一キロの下市場《しもいちば》（高島市朽木市場）の圓満堂で歓待し、朽木城に宿泊させ、翌日、京までの警護をつとめ、比良連山と丹波山地の間を縫う安曇川沿いの道を南へ急ぎ、国道三六七号線にあたる現大津市の葛《かつら》川・花折《はなおれ》峠経て四月三〇日の深夜、大原から清水寺に生還し信長を無事入洛させた。

昨夜の信長の手勢は〝十人計《ばかり》召供云々〟（「継芥記《けいかいき》」五月一日条）の有様

で〝信長、松永悉昨日京迄引退了〟(「多門院日記」五月朔日条)とあるように、この退却がいかに強行軍であったか。松永ら十数人ばかりのひっそりとした帰洛であった。尚、「継芥記」は公家の中院通勝《なかのいんみちかつ》の日記で元亀元年、永禄八年、天正六年、天正七年の四年分が現存している。

信長が苦しめられた「元亀の争乱」の始まりである。

扨、この信長の逃避行に活躍した松永久秀についてである。この時、既に久秀の心に信長に対する殺意が、くろぐろと渦巻いていたと考える。ではここに至るまでの信長に対する久秀の心の変化を段階をおって検証してみる。

第一段階

そもそも今回の嗟哉の二年前の永禄一一年(一五六八)の九月七日、岐阜城を出陣するや電光石火、二〇日足らずで九月二六日上洛、瞬く間に畿内の大和・山城・摂津・河内の大部分を支配下に収めた信長に、久秀はいち早く馳せ付け人質をさし出し、〃我朝無双〃と「信長公記」が記す、大名物《おおめいぶつ》の九十九髪《つくもかみ》という唐物の茄子の茶入れ（補⑧）を進上し、信長に服従を誓った。

その結果、久秀は〃和洲一国は久秀進退たるべし〃即ち、切り取り次第で大和一国を安堵されたと「多聞院《たもんいん》日記」一〇月五日条は記している（補⑨）。

恐らく大和一国の統一は容易ではないと見極めた信長の手法であろうか。久秀に危うさを感じとっていた信長は久秀が大和を統一した時はその時位に考えていたのであろう。

一方この大名物を手に入れたことが契機となったかのように、その後信長は名物狩りを加速。当然、名物を多く所持している久秀に名物を求め続け、「多聞院日記」によると同じく永禄一一年一二月二四日、久秀も信長の歓心を得る為、多くの名物を持って岐阜城に出向くなど、不承不承、進上を続けてきた。

一方、切り取り次第とされた平定は、捗々しくなく、大和の過半は未だ筒井順慶など有力国衆の手にあり、久秀は孤軍奮闘するも、その平定に腐心し、焦りが募っていた。

第二段階

前年、幕府奉公衆の伊勢の北畠氏を信長が攻略したことで競り合ったのか、〝上意とせりあいて〟即ち信長は将軍足利義昭と競り合いて即ち意見が対立していたが、今回の嗟哉の三ヶ月前の一月二三日、信長から離れ勝手な行動が目に付く義昭を様々規制する五ヶ条の条書「条々」（料紙の右袖に文書につき承認したことを意味する義昭の黒印が捺されている）を義昭に認めさせ、成文化させた（「増訂織田信長文書の研究」二〇九）という。特に、その第四条には〝天下の儀、何様にも任せ置かるるの上（天下のことは信長に任せたのだから）、誰であっても将軍に伺うこと不要〟とあり、将軍に対する強い締め付けで信長に対する全面的な屈伏であった。

更に五ヶ条と同じ一月二三日に信長は触状を出し将軍に拝礼するよう諸国の大名に上洛を命じた。久秀も在京させられた。

このようなことに幕臣でもある久秀は少なからず信長に敵意を感じたことであろう。

第三段階

更に今回の嗟哉の二ヶ月前の二月三〇日、上洛した信長の命で堺における名物狩りの担当奉行松井友閑《ゆうかん》により久秀は金銀を与えられ、大事に所持していた、天下に隠れなき名物とされた〝鐘《かね》の絵〟（床掛）を泣きの涙で一方的に召し上げられた。（〝鐘の絵〟は牧谿《もっけい》の筆にして毛利義満の北山御物《ごもつ》で大名物《おおめいぶつ》中の大名物で現在の畠山記念館蔵の国宝、煙寺晩鐘図である）

これには当代一の数奇大名と言われた久秀にとって、耐え難いことであり、同時に、久秀は〝もうこれ以上は！〟と心に決め信長に殺意をいだき始めたのではないかと推測される。

尚、松井友閑である。初め仏僧（フロイス「日本史」）又は清須の町人で信長に舞を教えた（「信長公記」）。信長の右筆で側近。堺代官天正三年（一五七五）十月三日宮内卿法印に仕官。後、秀吉に仕える。

第四段階

そして、今回の嗟哉の当月の四月、〝一進一退の状況にある大和を、一刻でも早く決着をつけ平定したい。その為、大和平定戦に専念したい〟という久秀の願いは、越前侵攻戦に駆り出されることになり、許されなかった。

ここに至り、戦国の梟雄《きょうゆう》（補⑩）と言われた久秀の心に蟠《わだかま》り、巣くっていた信長に対する敵愾心は暴発寸前になっていたのではないか。

　このように考えると、過去の様々な行為とその後の度重なる久秀の謀叛をみるにつけ、あの朽木谷は久秀にとって同じ幕臣の朽木元綱を唆し、信長を弑《しい》する絶好の機会と場所であったのではないか。しかし、決行を思い止まらせたのは、信長亡き後の展望を、その時久秀は描ききれてなかったからなのか、或いは、信長を目の当たりし、その威圧感に圧倒され、自分の信長に対する鬱憤が押さえつけられてしまったのか。

　いずれにしても、朽木越えは信長にとって、退却路としては最適であったが身の危険としてはまさに〝嗟哉〟であった。

　尚、その後の久秀の度重なる謀叛と行く末について。

　朽木越えの翌年以降、久秀は武田信玄・三好三人衆・足利義昭・本願寺・六角などと通じ、朝倉・浅井とともに反信長包囲網を形成。

が、元亀四年（一五七三）四月一二日信玄病死、七月一八日義昭追放

（この直後の七月二一日改元されて天正元年となる）、八月二〇日浅井・八月二八日朝倉が滅亡すると、久秀は一一月信長に降伏し、一二月二六日居城の多聞山城は接収された。

翌年の一月、久秀は岐阜に参上し信長に天下無双の名刀不動国行《ふどうくにゆき》を献上、赦免の礼を行うと、この年の一二月二四日、道意と号し出家した。しかしその後、久秀はまたも信長に背くことになる。

天正四年（一五七六）四月の本願寺攻めで大和守護になっていた塙《ばん》（原田）直政《なおまさ》が討死。この時、佐久間信盛の下で、天王寺定番として置かれていた久秀は、本願寺に呼応した上杉謙信の西進を機会と捉え、本願寺に内応し、翌年の八月、密かに天王寺砦を抜け出て、信貴山城に籠る。

そして二ヶ月後の天正五年（一五七七）一〇月一〇日、キリスト教宣教師の仇敵にして熱心な法華教徒である齢《よわい》七〇に近い老体の久秀は織田軍の総攻撃で、信長が所望していた名物平蜘蛛《ひらぐも》の釜もろとも爆死して果てた（永禄八年一五六五年生まれで医業の老人江村専斎の雑話「老人雑話」）とも伝わる。
尚、久秀が最後に期待をいだいた謙信は、翌年の天正六年（一五七八）三月一三日、病死している。

補⑦

森三左衛門可成
大永三年（一五二三）～元亀元年（一五七〇）。享年四八。
初め斎藤氏に仕えるが、天文末頃、信長の臣となる。天文二三年の清須城攻めから、元亀元年の越前攻めまで信長の戦いに殆ど従軍。宇佐山城を預けられた可成は、元亀元年九月二〇日、朝倉・浅井連合軍の攻撃で討死。が、宇佐山城は守り通す。
子の可隆《よしたか》（越前天筒山攻撃で討死。享年一九。）・長可《ながよし》（小牧長久手《こまきながくて》の合戦で討死。享年二七。）・成利《なりとし》（森蘭丸・乱丸。本能寺の変で討死。

享年一八〇）・坊丸（本能寺の変で討死。享年一七〇）・力丸（本能寺の変で討死。享年一六〇）らは、父に代わって信長に忠誠を尽す。

補⑧

九十九髪

この唐物の茄子形の茶入（抹茶の内、特に濃茶《こいちゃ》を入れる）は、付藻・作物・松永茄子とも呼ばれる。九十九髪茄子は、松本茄子・富士茄子とともに天下の三茄子と呼ばれ、茶匠山上宗二《やまのうえそうじ》は、その中でも天下一の名物が九十九髪茄子であると評価している。その持主は、次のように歴史と共に有為転変する。まさに、波瀾万丈、九十九髪物語である。

●ばさら大名（婆娑羅大名）と言われ一貫して足利尊氏に従い、室町幕府創立に功があった京極氏の一族佐々木高氏《たかうじ》。入道して道誉《どうよ》と号し、権勢を振ったが、文学に通じ和歌・連歌をたしなんだ（嘉元四年一三〇六～応永六年一三七三。享年六八〇）

●三代将軍足利義満は合戦時も鎧冑の中に収め、愛玩した。
●八代将軍義政から男色がらみで寵臣《ちょうしん》の山名政豊の手に渡る。
●その後、義政の同朋、能阿弥《のうあみ》について、立花と唐物目利きの法則を学び、一休禅師に私淑し、義政に茶の湯を教えた茶道の開祖、奈良の村田珠光《しゅこう》（応永三〇年一四二三〜文亀二年一五〇二。享年八〇。）が入手した時、銭九九貫文だった。本能寺の変で信長が自害した三六〇〇坪の本能寺の土地の値段も同額の銭九九貫文だったという。珠光は九九という数字から、〝百年《ももとせ》に一とせ足らぬ九十九髪われを恋ふらしおもかげに見ゆ〟（「伊勢物語」）という名歌にちなみ、この茶入に付物《つくも》（付藻）という名をつける。
●その後、越前朝倉氏の大黒柱で歴戦の老雄、朝倉太郎左衛門教景《のりかげ》（宗滴《そうてき》）が入手した時は、何と銭五〇〇〇貫文であった。
●更に、次の越前、府中の小袖屋《こそで》は銭一〇〇〇〇貫文で買い求めたが、越前の戦乱を避ける為、同じ本能寺の檀家の京都の豪商袋屋に預ける。信長三歳の天文五年（一五三六）の時起こった法華の乱で、京都法華宗二一の本山が壊滅し、勝利した叡山の僧兵や近江六角の軍勢は必死にこの九十九髪を探したという。

●やがて、法華大名、好奇者の松永久秀がこれを二〇年程秘蔵し、茶入を披露したことにより、一気に評判となり、相国寺の惟高和尚、ルイス・フロイスなどもこの名物について様々記して、その評価の高さを示している。

●久秀から信長が入手した後、本能寺の変で兵火にかかり、

●光秀が探すも見つからず。秀吉は本願寺の焼跡から探し出し、やがて秀頼の手に渡るが、元和元年（一六一五）大阪夏の陣で再び兵火にかかる。

●九十九髪を灰煌の中から探し出した家康は、修復するよう名漆工藤《ふじ》重《しげ》藤《とう》厳《げん》に渡す。

●藤重家から、明治九年（一八七六）三菱の岩崎弥太郎の弟、弥之助

の所有へ。現在、世田谷の静嘉堂文庫が所有する。

補⑨
多聞院日記
　奈良興福寺多聞院の文明一〇年（一四七八）〜元和四年（一六一八）までの日記。筆者は僧宗芸《しゅんげい》・英俊《えいしゅん》・宗栄《そうえい》らで、奈良を中心とした宗教・政治・社会・経済・文芸・医術・風俗などが書かれている。その中で、天文三年（一五三四）—信長生誕の年代から、慶長元年（一五九六）の六三年は多聞院の僧英俊《えいしゅん》の手による。信長の一生がそのまま該当する期間である。

補⑩
梟雄と久秀が言われる理由
北条早雲こと伊勢新九郎盛時《もりとき》・蝮《まむし》と言われた斎藤道三と並び、後世、戦国の梟雄の一人と呼ばれる。

永禄二年（一五五九）大和の筒井順慶を追い、大和信貴山城を修築し入城。翌年、築城なった多聞城を本城とする。永禄六年（一五六三）、主家の三好長慶の子、義興を毒殺し、その為長慶は悶死し、久秀は権力を得る。永禄八年（一五六五）、義興の死後長慶の嗣子《しし》となっていた三好宗家の三好義継（十河一存《そごうかずまさ》の子で伯父、長慶の養子。妻は将軍義晴の娘で将軍義昭の妹）と結び将軍義輝を殺し、永禄一〇年（一五六七）、本拠を阿波勝瑞《しょうずい》城（徳島県板野郡藍住町勝瑞）とする三好氏の一族三好三人衆（三好長逸《ながやす》・三好政康《まさやす》・石成友通《いわなりともみち》）と戦った折、三好の陣営であった東大寺の大仏殿を焼いている。源平時代の平重衡の南都焼き打ち以来の大事件であった。

この時、大仏は頭部を失い、東大寺の僧公慶《こうけい》上人が大勧進職《だいかんじきしき》となり、幕府援助のもと、一六九二年大仏開眼供養するも大仏殿はなく、露座の大仏と化した。大仏殿落慶は、公慶没後の四年後の一七〇九年、久秀の兵火にかかってから一四三年目であった。

第六章の情景

①金ヶ崎城跡から天筒山（写真左端）を遠望。
②織田軍との攻防戦で金ヶ崎城が落城した際、焼け落ちた倉庫の焼米出土跡。
③信長一行が到着した季節と同じ、四月中旬頃の朽木渓谷。
④信長が身をひそめ待機していた朽木三ツ石の岩窟〝信長の隠れ岩〟。
⑤朽木岩瀬の興聖寺の旧秀隣寺の庭園の近景。

第六章の情景①

第六章の情景②

第六章の情景③

第六章の情景④

第六章の情景(5)

第七章　第七の嗟哉―三七歳その二

［元亀元年（一五七〇）、庚午《かのえうま》、五月一九日］

（一）千草《ちくさ》越

朽木から京に戻った信長は、岐阜と京との幹道、東山道の要衝である湖南の防衛の為、柴田勝家を長光寺《ちょうこうじ》城―後、勝家が六角氏と戦った際、城中の水瓶を打ち割って兵をふるいたたせ勝利したことから瓶割《かめわり》山城と呼ばれる―に、安土の砦には中川八郎右門尉重政《しげまさ》を入れ置くと岐阜に帰国するため五月九日京を出発、美濃国から上洛する際の交通の要である志賀の宇佐山城（城主・森三左衛門可成《よしなり》。大津市）、瀬田唐橋《せたのからはし》の東南畔に位置する代々、山岡氏の居城である瀬田城（大津市）を経由してこれ又、佐久間右衛門尉信盛《のぶもり》を入れ置いた永原城《ながはら》（野洲市）に入るも、浅井・六角勢とこれに応じた一揆に東山道を塞がれたため、止むを得ず七日間滞在する。

しかしこの時、既に甲賀の入り口（甲賀口）の石部城《いしべ》（湖南市。旧甲賀郡石部町）には六角氏が、鯰江城《なまずえ》（東近江市）には浅井氏が手を回し、通路を阻止していた。

五月一九日、信長はより安全を期すため、危機対応道として利用していた伊勢鈴鹿越の間道である八風越と千草越の内千草越《ちぐさごえ》（補⑪）を決心し、永原を出発。その前途に神崎郡市原（東近江市）の郷一揆が立ち塞がったが、地元の蒲生《がもう》郡日野城主蒲生覧秀《かたひで》とその婿布施《ふせ》藤九郎公保《きみやす》、甲津畑《こうづばた》（東近江市）の速水《はやみ》菅（勘）六左衛門秀政（補⑫）らはこれを追い払い、辛うじて信長の通路を確保した。

そして、〝嗟哉は千草越をするため甲津畑から進んだ千草山中で起きた〟。

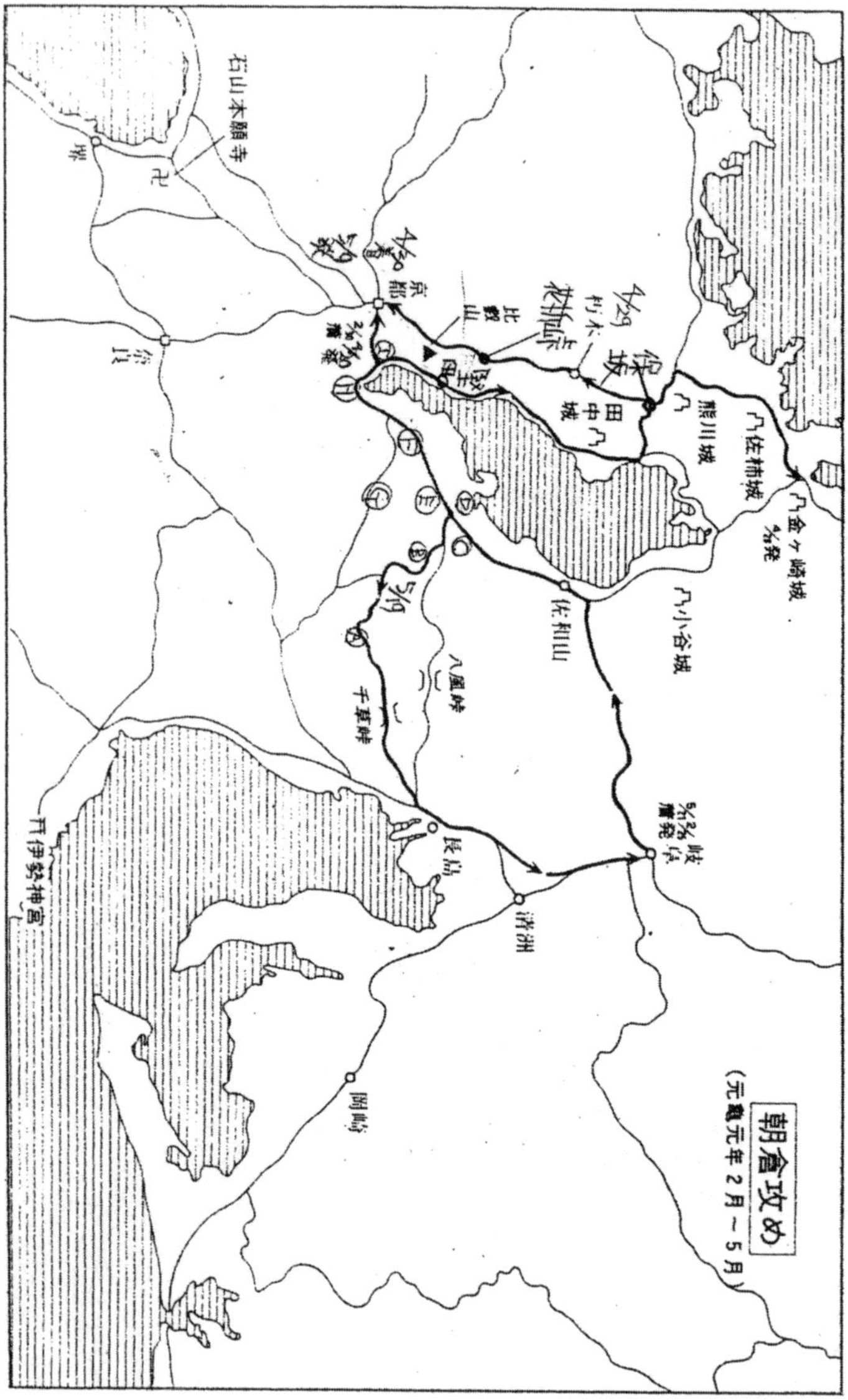

織田信長の朝倉攻め・金ヶ崎退却・千草越行動図

織田信長の朝倉攻め・金ヶ崎退却・千草越行動図（Ⓐ：甲津畑。Ⓑ市原。Ⓒ鯖江。Ⓓ安土。Ⓔ長光寺。Ⓕ永原。Ⓖ石部。Ⓗ瀬田。Ⓘ宇佐山。）「織田信長総合事典」（岡田正人編著）の行動図に加筆。

補⑪

千草越と八風越

千草越（千種越）とは甲津谷から藤切谷に沿って、雨乞岳の南方の杉峠・御在所岳南方の標高八〇三メートルの根の平峠（千草峠）を越え、伊勢の千草（三重県菰野《こもの》町）に至る鈴鹿山中のルートで、その北の標高九三八メートルの八風《はっぷう》峠を越えて伊勢に入る八風越と同様、中世の頃から東山道・旧東海道（近世の中山道）から伊勢に抜ける間道として有名で伊勢と近江を結ぶ商人の商業路でもあった。又、多くの文人・武人・宗教僧などもこの山越を利用しており、公卿の山科言継は天文二年織田信秀に招かれ八風峠を、弘治二年今川義元を訪れるため千草峠を越えている。

坤《ひつじさる》（南西）・艮《うしとら》（東北）・乾《いぬい》（北西）・巽《たつみ》（東南）、あらゆる風の吹く八風越え同様、千草越えも風は強く、共に難所である。

信長は永禄二年（一五五九）二月初上洛の際、清須と京の往復に八風を、永禄十二年（一五六九）十月、伊勢平定後、京への往路に千草越を利用している。

補⑫
速水《はやみ》萱（勘）六左衛門秀政
甲津畑村（旧神崎郡永源寺。東近江市）の人。千草越の要所、甲津畑を支配。甲津畑城主。村落は西部を北西流する和南《わなみ》川左岸にある。
織田信長は生涯二度千草峠を越えている。永禄一二年（一五六九）一〇月、伊勢から千草越で市原を通って京に向かい、翌、元亀元年（一五七〇)、東海道・八風街道など帰路を塞がれた信長が速水氏らの手引きで千草越をして岐阜城に帰城している。

現在、速水氏の屋敷には信長が休憩して馬をつないだと伝えられる松の木がある(〝信長馬つなぎの松〟)。

八風・千草道の分岐点（塚原徹也・画）

（二）狙撃

五月一九日、信長が千草越の街道の要所を押さえている甲（香）津畑の豪族、速水《はやみ》菅六左衛門の案内で速水家から凡そ二キロ半の千草山中、愛知《えち》川の支流で藤切《ふじきり》川が大きく屈曲する藤切谷近くにさしかかった時、立て続けに銃声がした。

川向こうの岩陰の〝十二、三間（二一・六～二三・四メートル）へだてた距離から二つ玉でねらい討ちされ、玉は信長の体をかすった〟と「信長公記」は伝え、「言継卿記」（五月二二日条）は、〝鉄放（砲）四丁にて、山中よりこれを射つ云々。但し、当らず、笠の柄、これを打ち折る云々〟、「近江輿地《よち》志略」は、〝千草越に待受け鉄砲を以て、之を討つ、誤りて信長の袂《たもと》に当れり〟と記している。

鉄砲の数に違いはあるが、九死に一生を得た信長は、虎口を逃れ、二一日無事岐阜に帰城した。

おそらく信長の行く道が千草越しか残らないよう仕組んだ浅井・六角の計略であったのか。いずれにしても信長を狙撃したのは、六角承禎に頼まれた杉谷善住坊《すぎたにぜんじゅうぼう》（補⑬）という鉄砲の名手で、まさしく〝嗟哉、信長〟であった。

補⑬

○杉谷善住坊

享保一九年（一七三四）膳所《ぜぜ》藩士、寒川辰清編纂の「近江輿地志略」によると、〝甲賀五三家の内也、女（善住坊の娘）を以て佐々木（六角）義賢《よしたか》（承禎）の妾《しょう》となす〟とある。信長を狙撃後、近江高島郡内に隠れ住んでいたが、元亀四年（一五七三）九月、浅井氏滅亡後高島郡を支配していた磯野員昌《いそのかずまさ》（浅井長政の臣。佐和山城主。姉川の戦いの後、信長に降伏。信長の臣として高島郡を支配。天正六年二月三日、信長に譴責され逐電。応永三年一五二三〜天正一八年一五九〇。享年六八。）に捕らえられ岐阜に送られ、千草山中の一件につき事情聴取された後、〝立て埋《うず》み〟され、頸を鋸《のこぎり》で引かれ処刑される（「信長公記」）。

甲賀五三家について。

応仁・文明の乱後、弱冠二三歳の第九代将軍足利義尚《よしなお》は長享元年（一四八七）、荘園を横領された社寺・公家の請いを受け、横領した近江守護六角高頼《ろっかくたかより》（尚、孫の義賢、入道して承禎は信長に徹底抗戦し滅亡する）の居城、観音寺城（近江八幡市安土町石寺）を攻める。しかし、高頼は早々甲賀山中の石部城に籠り、変幻自在に戦う。この時、高頼が甲賀郡中から集めた郷士・土豪・地頭に属する武士が世に言う甲賀五三家と言われる。

○六角氏

中世、近江国蒲生郡佐々木庄の豪族佐々木氏。治承四年（一一八〇）、源頼朝の挙兵に功あった定綱は、近江・長門（山口県）・石見《いわみ》（島根県）などの諸国の守護となる。

その後、承久の乱（承久三年一二二一）に功があった定綱の子、佐々木信綱は、近江の守護と近江の数ヶ所の地頭職を得る。その子は各々、六角・京極と名乗り、各々、近江の南半と北半を領した。六角氏は、京都六角堂に居館があったことから六角（佐々木）氏と称せられた。六角六代高頼は、嘉吉《かきつ》の乱（嘉吉元年一四四一）で功名を上げ、七代定頼は室町幕府の管領となり、八代義賢《よしたか》（入道して抜関斎承禎《ばっかんさいしょうてい》）は弓馬術家で父祖の遺領をつぎ、観音寺城主となったが、永禄一一年（一五六八）、子の義治《よしはる》とともに信長に追われた。慶長三年（一五九八）没す。享年不明。義治（天文一四年一五四五～慶長一七年一六一二。享年六八。）は信長により京を追放された足利義昭に従い、備後鞆《びんごとも》の浦

（広島県福山市）に移る。

一方、京極氏は、室町幕府創建に功を立て四職家の一つとなるも、応仁の乱後衰え、近江北半は浅井氏に奪われ没落。が、信長・秀吉・家康に仕え、明治に至る。

第七章の情景

①千草道と八風道の分岐点の遠景と近景

町村の入口にあって、悪いものが入ってこないよう防ぎ守る神、〝馬頭観世音〟が刻まれた道祖神《どうそじん》（塞神《さえのかみ》）と道標《みちしるべ》の石碑があり、その石碑には

右　四日市　　市原
　　甲津畑　（千草街道）
左　桑名　　山上
　　永源寺　（八風街道）

と刻まれている

②長光寺城（瓶割山《かめわりやま》城）遺跡

③信長が休憩して馬をつないだと伝わる〝信長馬つなぎの松〟のある甲

津畑の速水氏の屋敷から千草越へむかう街道を望む。

④〝杉谷善住坊のかくれ岩〟

⑤〝かくれ岩〟から信長一行が進んだとされる方向を望む。

第七章の情景①

瓶割山城遺跡
東近江市と近江八幡市にまたがる瓶割山の山頂に位置します。

主な遺構は、山頂につくられた三ヶ所の郭で、それぞれの間は堀切で区画されています。各郭の周囲には小規模な郭が設けられ、さらに竪堀が掘られています。自然の地形を巧みに利用し、部分的に石垣がつくられています。城内で最も規模の大きな石垣は、一の郭の北西にある高さは約6mのものです。

(1468)年に、近江守護佐々木六角高頼と対立した佐々木四郎政堯により築城されたとされ、詳細は不明ですが、天正四(1576)年の安土築城の頃には廃城になったと考えられます。

当城の北北東約5kmには佐々木六角氏の本城である観音寺城があり、政堯の時には守護高頼の観音寺城に対する城として、また、織田信長が観音寺城を攻略した後には、その支城として周辺地域の押えの役割をはたしたと考えられます。

瓶割山の山名は、元亀元(1570)年に、柴田勝家が近江守護佐々木六角承禎(義賢)と戦った際に、城中の水瓶を打ち割って城兵を奮い立たせ、戦いに勝利したことから「瓶割り柴田」の異名をとったという伝承に由来します。

東近江市教育委員会

第七章の情景②

第七章の情景③

第七章の情景④

第七章の情景⑤

第八章　第八の嗟哉―四三歳

［天正四年（一五七六）、丙子《ひのえね》。五月七日］

（一）本願寺再挙兵

ここまでの経過

―元亀元年（～五七〇）六月、姉川の戦いで浅井・朝倉軍に勝利し、九月、本願寺と敵対、浅井・朝倉軍との比叡山麓での戦い（「志賀の陣」）に続き、天正元年（一五七三）七月、対立した将軍義昭を追放、八月、朝倉氏、九月、浅井氏を滅亡させると天正二年（一五七四）長島一向一揆を殲滅。翌年天正三年（一五七四）五月長篠の戦いで武田軍を撃破し、八月、越前一向一揆を殲滅。再三に渡る朝廷からの推任を辞退してきた信長は、一一月、従三位《じゅさんみ》・権大納言兼右近衛大将の叙任を受け、公卿となり、家督と岐阜城を嫡男信忠に譲った。

天正四年（一五七六）一月安土城の築城のため、丹羽長秀に普請奉行を命じるとともに、更に同年四月、京都所司代の村井長門守《ながとのかみ》貞勝（注記㊃）に命じ、関白二条晴良《はるよし》邸の跡地に信長の邸宅である京の二条屋敷（完成後は二条御新造—中京区烏丸御池上ル—と呼ばれる）の造営を始めた。

こうした情勢の中、昨年一〇月、信長に屈辱的講和を申し入れた本願寺宗主第一一世顕如（天文一二年一五四三～文禄元年一五九二。享年五〇。）が、又もや胎動する。先ず三年前、信長によって京を追放され、この年の二月、毛利氏のもとへ奔った室町幕府最後の一五代将軍足利義昭（天文六年一五三七～慶長二年一五九七。享年六一。）の謀略に与《くみ》し、次に毛利・越後の上杉謙信などを抱き込み、またしても反信長包囲網を作り上げようとしていたのである。

振り返ってみると、本願寺との戦いは元亀元年（一五七〇）九月、摂津の野田・福島砦の三好三人衆を攻めていた信長軍に突然、本願寺が襲撃して始まり、天正八年（一五八〇）四月九日、門跡の顕如が朝廷の斡旋により講和するまで、足かけ一一年間続くが、この間本願寺は信長に二度休戦講和を申し出ている。

一回目は天正元年一一月。武田信玄死去・足利義昭追放・朝倉浅井両氏滅亡の直後のこと。この時、本願寺は名物白天目《しろてんもく》茶碗を信長に贈呈して講和。

二回目は天正三年一〇月。三度目の長島攻めによる長島一向一揆の殲滅（天正二年九月）、長篠合戦での武田勝頼軍の大敗（天正三年五月）を経て越前一向一揆が殲滅された（天正三年八月）直後のこと。この時、本願寺は名物小玉澗《こぎょくかん》・枯木《かれき》・花の絵の三軸といった名物を信長に贈呈して講和している。

実はその長島一向一揆が殲滅されたときの事である。この時、信長は嗟哉の危機に晒されていた。信長の近くで陣を構えていた信長の一門衆（兄信広・弟秀成・叔父信次と信成・従兄弟信成他一〇人余り）が本陣を急襲してきた一揆勢七、八〇〇の決死の反撃で多くの武将とともに大将信長を守って討死しており信長は危うかったようである。

しかし、これは二度目の長島攻めの時、退却の際、追撃を受け敗退したのと同様、信長一人の身に降りかかったものではなく戦局上不利になったための危機で、嗟哉の項目には取り上げなかった。

扨、二回目の講和の後、本願寺は雑賀の鉄砲衆を増強したり、毛利氏に援軍を要請し、またしても信長に牙を研いていることを信長は見過ごすことはなかった。

天正四年四月に入り本願寺が楼岸《ろうぎし》（大阪市中央区石町）や木津（大阪市浪速区木津町）に砦を築き、再々の挙兵をしたとの報を聞くや信長は、ただちに本願寺を遠巻きに包囲網を形成していた野田に砦を築いて北西に在陣する荒木村重《むらしげ》、天王寺に砦を築いて南に在陣する塙《ばん》（原田）直政（補⑭）、北東の守口《もりぐち》（守口市）、森河内《もりがわち》（東大阪市）に在陣する明智光秀（注記㊄）と細川（長岡）藤孝の四将に本願寺攻めを命じる。

この時、本願寺にとって、兵粮を入れる通路は、淀川は村重が封鎖しており、木津砦が守っている本願寺の西から南に流れる木津川しかなかった。これに目をつけた信長は五月三日、本願寺を最も近くで包囲していた天王寺砦（大阪市天王寺区）の塙直政に海路上の重要拠点である楼岸と木津の間の三津寺《みつでら》砦を奪取すべく攻撃の命を下した。

しかし、信長の動きを察知し、楼岸と木津の両砦から討って出た数千挺の鉄砲を携えた紀州雑賀衆を中刻として編成された本願寺方一万の兵により先手衆は敗走。敵を引き受け、数刻戦った直政とその一族郎党は討死。

その直後、直政の留守を守っていた明智光秀・佐久間信栄《のぶひで》（宿老、信《のぶ》盛《もり》の長男）の天王寺砦は勢いにのった本能寺方の激しい攻撃にさらされ、光秀らは古畳や殺した牛馬を盾として必死に防戦する（「当代記」）も、最早風前の灯火となった。

これを知った信長は出陣の触れを出すと五日の早朝、京都から明衣《ゆかたびら》のひとえものだけで飛び出し、僅か百騎程で河内若江《わかえ》（東大阪市）に入ると、七日の払暁、漸く集まった三千の兵を率いて出陣。

そして、〝嗟哉は信長が軍勢を三段に配置（信長は三段目の馬廻り衆を率いる）し一万五千の本願寺方の軍勢が陣取る天王寺の南方を迂回して住吉口に出て、そこから決死の勇をふるって本願寺軍に立ちに向かった攻撃中に起きた〟。

この時、参戦したのは越前に封じられていた柴田勝家を除き、錚々《そうそう》たる信長の武将たちであった。逆に畿内に居て参戦していないのは天王寺砦の守備を命じられていた光秀と信長から先陣を命じられるも木津方面の守備を引き受けるとして拒否した荒木摂津守村重《むらしげ》の共に後、信長に謀反する二人丈であった。

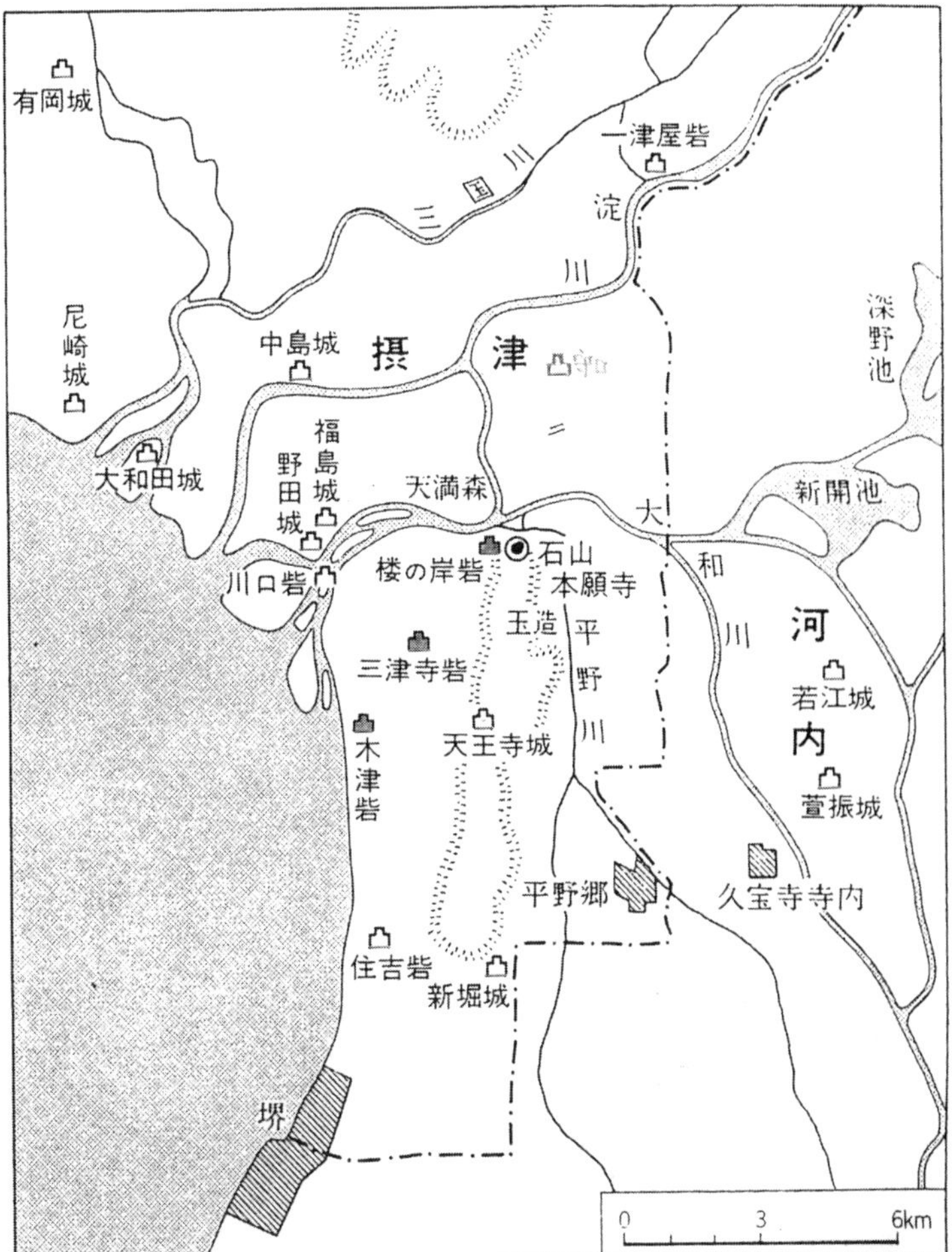

石山合戦関係図（新修大阪市史）

きたい。

(注記㈣)

信長の吏僚、奉行衆の筆頭格、村井長門守貞勝(春長軒)に触れてお

天文年間末頃から信長に仕え、天正元年(一五七三)七月、足利義昭追放後は信長の吏僚として、つとめながら京都所司代として、洛中・洛外の政治と朝廷・公家・寺社対策に当り、さながら京における信長のスポークスマンであったということである。しかし、既に老年にして超多忙な貞勝は、天正四年以降〝所労平臥〟(「言継卿記」・「兼見卿記」)を繰り返すも必死に激務をこなし、本能寺の変の時、本能寺門前を居館にしていた貞勝は、信忠の宿所妙覚寺へ走り、本能寺へむかおうとする信忠を説得し共に直ちに移ったより堅固な二条御所で子の貞成・清次(共に享年不明)とともに討死している。

娘は豊臣期、京都所司代前田玄以《げんい》の室という。

（注記㊄）

光秀について触れておき度い。

十兵衛尉。号は咲庵。天正三年（一五七五）七月三日より惟任日向守。法名、秀岳宗光。生地は岐阜県の長山城《ながやま》（可児市）、明知城（恵那市）など諸説ある。

〃美濃国住人とき（土岐）の随分（身分が高い）衆也〃（「立入左京亮入《たてりさきょうのすけにゅう》道隆佐記《どうりゅうさき》」とあるように土岐氏の庶流と伝えられている。立入氏については第一〇章（一）のCのその四を参照）

〃一僕の者、朝夕の飲食さへ乏かりし身（を、信長取立給、坂本の主として、其上丹波国一円被下）〃（「当代記」）。〃細川ノ兵部（将軍足利義輝の奉公衆、細川藤孝）カ中間《ちゅげん》ニテアリシ〃（「多門院日記」天正一〇年六月一七日条）。〃元は低い身分の人物〃（ルイスフロイスの「耶蘇通信」）などと記されているように身分はかなり低い身分であった。

やがて、足利幕府の役人名を列記した「永禄六年諸役人付」の永禄十年頃の御番帳の中に（足軽衆）〝明智〟とあるのはおそらく光秀のことで足利義昭が朝倉義景の居城越前の一乗谷に身を寄せていた頃である。

その後、足利義昭の上洛をめぐる信長との交渉の中で信長に認められ、上洛直前の永禄一一年（五六八）頃、信長に仕えたと考えられる。尚、史料上、光秀の合戦上の初見は永禄一二年一月五日の対三好三人衆との京都六条本国寺合戦（「信長公記」）である。

元亀二年（一五七一）九月一二日、比叡山延暦寺の焼き討ちの先兵となり、光秀は旧山門領だけでなく近江滋賀郡を与えられ坂本に築城。譜代でなく外様で出世の先頭に立つ。天正八年（一五八〇）八月、丹波攻略により亀山城（亀岡市）を居城とし坂本城とともに二城が居城となる。天正一〇年武田征伐従軍後、家康接待中、中国遠征を命じられる。

本能寺の変後、六月一二日山崎の戦いで秀吉に敗れた光秀は退却して勝竜寺城（長岡市）に入ったが、夜、脱出して坂本へむかう途中、土民の襲撃を受け深手を負い、その場で自決。場所は「太閤記」「明智軍記」

など二次史料では小栗栖《おぐりす》、「兼見卿記」など一次史料では醍醐《だいご》（共に京都市伏見区東部）、山科《やましな》（京都市山科区）など諸説がある。墓所は大津市坂本の西教寺など。

〃於山科百姓等に被打殺、歳六七〃（「当代記」）〃長子（嫡男光慶《みつよし》）は十三歳で、ヨーロッパの王候とも見ゆる如き優美な人であった〃（「一五八二年天正十年日本年報追加」）。

尚、光秀の年齢である。本能寺の変から百数年後に成立した作者不詳の軍記物「明智軍記」には光秀享年五五とあるが、同じく四、五〇年後に成立した「当代記」の享年六七の方が信頼が高いとされる。

補⑭

塙（原田）直政

尾張春日郡比良《ひら》（西区）の人。永禄年間、信長の赤母衣衆の一人。永禄一二年（一五六九）八月、伊勢大河内《おかわち》城攻めの際は〝尺際廻番衆《さくぎわまわりばんしゅう》〟の役目の一人で旗本馬廻衆に属する。元亀元年、京・山城の行政を担当する代表的な吏僚となる。天正三年三月、大和守護の兼務を命じられ、その支配権は南山城から大和・河内まで及び、柴田勝家ら宿老と肩を並べるものになる。長篠合戦後の七月三日、信長の奏請によって朝廷から原田姓を賜り、備中守に任官される。基所は名古屋市西区福昌寺。

尚、直政が構築した天王寺砦の跡の場所は月江寺《げっこうじ》附近、勝鬘院《しょうまんいん》（愛染堂）と茶臼山の間の上町《うえまち》台地西端（四天王寺に西接）の急崖の地の二説ある。後者には、愛染坂・清水坂・逢坂・天神坂などの附近が該当すると考えられる。上町台とは北は大阪城あたりから南は住吉大社まで約一二キロ、巾は二～三キロ、標高二〇Mの洪積層の段丘をいう。

（二）信長負傷す

先陣の一段は佐久間信盛・松永久秀・細川藤孝・若江衆、二段は滝川一益《かずます》・蜂屋《はちや》頼隆《よりたか》・羽柴秀吉・丹羽長秀・美濃三人衆—稲葉伊予守良通《よしみち》（一鉄）・氏家卜全《うじいえぼくぜん》の嫡男の左京亮直通《なおみち》・安藤伊賀守守就《もりなり》、そして三段は馬廻家が固めた信長の本陣であった。

しかし、である。「信長公記」によると、何と〝信長は先手の足軽の先頭に立って懸廻り、爰《ここ》かしこと御下知《おんげち》なされ、薄手を負《おわせ》られ、御足に鉄砲あたり〟即ち、権大納言兼右近衛大将の公卿信長は最前線で足軽にまじって、〝ここだ、あそこだ〟と指揮をとっている内、鉄砲によって足を負傷したという。

このような大将信長の活躍で士気高揚した信長軍は、〝本願寺勢の数千挺の鉄炮を以てはなつ事、雨のごとし〟なるも一揆勢をどっと切り崩し、窮地におちいっていた天王寺砦へ駆け込み、味方と合流するや直ちにもう一度一戦に及ぼうと決意する信長に対し、家老衆が援軍が到着するまで籠城をすすめるも〝今度間近く寄合わせ候こと天の与うるところ由〟と信長は聞き入れず、二段に軍勢を立て直し、又敵に切りかかり、数で勝る敵を本願寺の木戸口まで攻め立てて二七〇〇余を討ち取った。

何と信長は二度もリスクをとりにいき逆転勝利したのである。寄せ集めた敵情を戦い中でつかみ、数で劣っていても今なら勝てるとリーダー自ら判断し戦った信長の勝利であった。

しかし、刀・槍・弓の戦いから鉄砲（隊）が戦場で活躍するこの時代、最前線で指揮するだけでも危険であるにもかかわらず、ましてや足軽にまじり戦うとは〝嗟哉〟以外の何物でもなく、足の負傷だけですんだとは、唯、運が良かったというしかなく、〝これこそ神のご加護のおかげ〟（「信長公記」）であった。

いずれにしても、この戦いで本願寺勢、侮れないと考えた信長は佐久間信盛―尾張愛知郡山崎の出で柴田勝家とならぶ老臣―を本願寺攻めの主将として天王寺砦に入れ多くの与力を付け十ヶ所の付城を築かせ本願寺を徹底して包囲する戦術に出ることになる。

尚、戦局が不利な時、第二・四の嗟哉でみてきたような最前線で自ら戦い、声を張り上げ兵を鼓舞する信長の姿が見られるのはこの天王寺合戦が最後となる。又、敵情を視察するため〝懸けまわし御覧じ〟されるのも、翌年天正五年（一五七七）二月の紀州雑賀攻めの際、泉州淡輪《たんわ》（阪南市）に野陣を構えた時が最後となる。

第八章の情景

①天王寺砦（大阪市天王寺区）と推測される月江寺（「摂津志」）近景。
②同じく天王寺砦跡と推測される愛染堂《あいぞめどう》と茶臼山の間の上町台地西端、四天王寺に西に接する北から愛染坂（夕陽丘町）・清水坂（伶人町《れいにんちょう》）・天神坂（伶人町）と称する急崖の地。
他の真言坂《しんごんさか》・源聖寺坂《げんしょうじさか》・逢坂《おうさか》と併せて天王寺七坂と称せられる。

第八章の情景①

第八章の情景②　愛染坂

第八章の情景②　清水坂

第八章の情景②　天神坂

第九章　第九の嗟哉―四五歳

［天正六年（一五七八）、戊寅《つちのえとら》、五月一二日］

（一）安土城

二年前の天正四年（一五七六）一月の中頃、安土山《あづち》（標高一九九メートル）に安土城（近江八幡市安土町下豊浦《しもといら》。旧蒲生郡安土。）の造営を惟《これ》住《ずみ》五郎左衛門尉（丹羽長秀）（補⑮）に命じた信長は、翌月の二三日早くも安土の居館となる仮殿に移り、城の出来具合（縄張の基礎）が良かったとして五郎左の功を賞し、名物の青磁の珠光《じゅこう》茶碗を与えている。

四月一日から尾張・美濃・伊勢・三河・若狭・畿内の諸侍や京都・奈良・堺などの大工・鍛冶・壁塗り・石工などの職人の他、唐様の青瓦を大量に焼くため唐人の一観《いっかん》を呼び寄せ、安土に住まわせると、大石で高く積み上げた石垣の城郭と天守閣の建築を開始した。

近隣の観音寺山・長命寺山・長光寺山・伊場山などから切り出され運ばれてきた石垣の材料の内、〝蛇石《じゃいし》〟と呼ばれる巨石は、羽柴秀吉・滝川一益・丹羽長秀の三人が奉行となり、一万人余の人数で昼夜三日がかりで安土山に引き揚げられ、その間は山も谷も動くばかりの騒ぎであったと「信長公記」は記す。

しかし、四月に入ると、和睦中だった本願寺が再々挙兵したため、信長は城の造営の指揮を嫡男信忠に委ね上洛。本願寺との天王寺合戦を展開。これに勝利（第八章）すると、六月八日、安土に帰城した。

縄張の普請が終わった七月一日、信長は愈々《いよいよ》城の普請を命じるとともに、これまで身を粉にして働いた者たちに衣類・金・銀などを褒美として与え、丹羽長秀は名物の玉澗《ぎょくかん》筆の市絵《いちのえ》（補⑯）を羽柴筑前守は大軸のかけ絵を各々所持することが許された。

二年後の天正六年（一五七八）の元旦、五畿内《ごきない》（山城・大和・河内・和泉・摂津）・若狭・越前・尾張・美濃・近江・伊勢など一一ヶ国の領国の諸将は年賀のため、安土の新城に出仕。一二日に安土に年賀の礼参に訪れた宗久と並ぶ堺の豪商・津田（天王寺屋）宗及《そうぎゅう》（補⑰）は〝巳刻（午前一〇時）、御家門様、直に御渡りなされ、てんしゅ（天主）をはじめ方々拝見申候〟と信長直々の案内で天主をはじめ居間の襖絵を見学し、〝黄金一万枚ほど見申候〟と宗達《そうたつ》と宗及父子の茶湯日記「宗及茶湯日記他会記（略して宗及他会記）」（天正六年一月一二日条）に記されている。

これらの記録から、天主を含めた安土城の完成は着工から一年四か月程の天正六年正月、完成していたことが分かる。

そして、〝嗟哉は安土城天主で起きた〟。

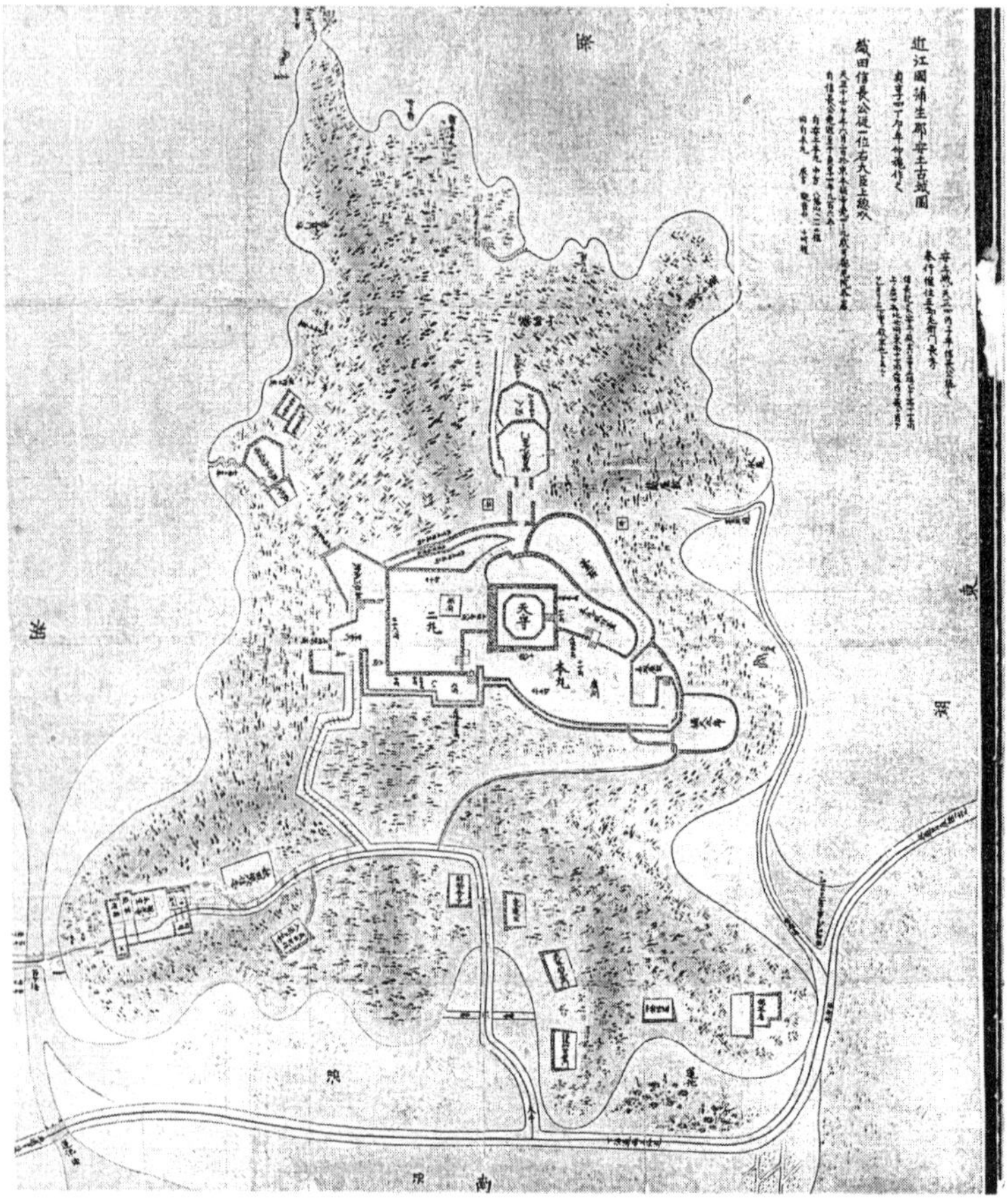

安土古城図　滋賀県摠見寺蔵
「織田信長公三百六十年忌記念展覧会図録」
（名古屋市役所）著者蔵

補⑮
丹羽長秀（五郎左衛門尉）
　天文四年（一五三五）～天正一三年（一五八五）。享年五一。愛知郡児玉（西区）の人。一五歳から信長に仕える。萱津《かやつ》・桶狭間・美濃の戦いに従軍。
　上洛後、京・伊勢・江北の戦いで活躍。佐和山城主。若狭の支配者。信長五軍団の一人。政事・軍事両面の活躍。天正三年七月三日、惟住《これずみ》の姓を賜わる。
　本願寺の変後、秀吉の下風に立って、賤ヶ岳の戦い後、越前一国と加賀二郡を領す。病魔に冒され、自ら切腹したと伝わる。

補⑯
玉澗《ぎょくかん》
　南宋時代の牧谿《もっけい》と並ぶ水墨画の最高峰で、雪舟以下の日本の水墨画に影響を与えた。尚、玉澗と号した画家には、若芬《じゃくふん》玉澗・瑩《けい》玉澗らがある。洞庭秋月図は八景揃っていたが、足利義政によって分断。

補⑰

津田宗及

天正一九年（一五九一）没す。天王寺屋と号す。父宗達から紹鷗流の茶道を学び、又、連歌・挿花《さしばな》・聞香・刀剣目ききに長じ、信長・秀吉に仕え、御茶道《おさどう》をつとめ三千石の知行を領した。千利休・宗久とともに天下の三宗匠と呼ばれる。

今井宗久

永正一七年（一五二〇）～文禄二年（一五九三）。享年七三。武野《たけの》紹鷗《じょうおう》の門弟女婿。号は昨夢斎。本能寺の変の前日の六月一日、堺で遊覧中の家康一行に朝茶会を宗久、昼茶会を宗及、晩茶会を松井友閑がつとめている。宗及と同じく信長・秀吉に仕え、御茶頭をつとめ三千石の知行を領した。著書に「今井宗久日記」がある。

安土城大手道跡　写真　著者

（二）天主倒壊

宗及が安土城天主を訪れた丁度四ヶ月後の五月一二日、震天動地《しんてんどうち》の大災害が起きる。

「信長公記」によると、前日の一一日の午前中から一三日の正午まで昼夜となく降り続いた豪雨により、京都では賀茂川・白川・桂川の決壊による洪水で一二日・一三日、小路は浸水し、四条橋は流され、上京舟橋の町（補⑱）を押し流し、多数の死者が出たとされ、「兼見卿記《かねみ》」五月一二日条にも洪水は想像を絶するもので、家屋敷・小路は壊滅的で〝浄土寺之者於山中路流死、白川在家廿軒計流損、洛中小路如大川〟とあり、前代未聞の大災害で〝先年辰歳卅余年（天文一三年）、倍増洪水云々〟と三四年前の大洪水の倍であったと記している。

しかし、この災害は京都だけではなかった。奈良では興福寺はじめ奈良一円が水害に見舞われ、又、大津でも山が崩れて三井寺の堂塔坊舎が破却し、何と安土においても〝安土の城の天主が倒壊し死者が出た〟という（補⑲）。

扨、この時、信長はどこに居て、そして無事であったか。

この年の二月二三日、羽柴秀吉に帰順していた元播磨国《はりま》（兵庫県）守護代で東播磨にて勢力を張る別所長治《べっしょながはる》が毛利・本願寺に通じ、居城の三木城（三木市）にこもるや、四月中旬、別所氏救援のため、宇喜多直家《うきたなおいえ》（補⑳）の一万四千が加わった五万の毛利軍が播磨に侵攻してきた。

これに対する中国攻めの最高指揮官、秀吉からの援軍の要請に、深刻な事態だと考えた信長は四月二七日上洛し、四月二九日から各将を順次播磨に向け出陣させ、自らは五月一三日を出陣の予定としていた。

が、前述した通り、京都は未曾有の大水害に見舞われ、信長の出陣は延期となる。

このように、信長は毛利氏の動向に対応するため在京していて、幸い安土城天守の倒壊から免れた。**が、仮に、毛利氏の動向が数日遅れていたら、信長は安土に居城し、恐らく〝嗟哉〟、災害に巻き込まれたことであろう。ここでも信長は、運に助けられたのである。**

この後信長は、安土の大水害の様子を視察する為、小姓衆だけを連れ、五月二七日、京を出発し矢橋《やばせ》（草津市）まで舟を使い安土に向かい、六月一〇日、再び上洛する（「信長公記」・「兼見卿記」六月一〇日条）まで、必死に復興の指揮をとっていたと考える。

考えてみると、ここまで九回の嗟哉に晒されてきた信長が、全て無事であったことは、唯、運が良かっただけである。

その後の安土城について触れておき度い。

翌年の天正七年（一五七九）正月、信長は恒例の安土の参賀を執り止めた。諸将が前年、信長に離叛した荒木村重の居城、伊丹の有岡《ありおか》城包囲戦に在陣していたためと「信長公記」は記しているが、或いは、前年五月に倒壊した天主の復旧が間に合わなかったからであるとも考えられる。

しかし、一月一一日になると、〝御殿守拝見仕候。上様直にご案内になり、御殿守七重〟を見物したと「宗及茶湯日記他会記」天正七年一月一一日条に記され、その後も一月一五日、村井貞勝と林秀貞に七重の〝御殿守〟を見せている（「安土日記」尊経閣文庫所蔵）と記されていることからこの時までには天主の復旧は完了していたことになる。

〝五月一一日、吉日に付いて、信長御天主へ御移徙《おんわたまし》〟と「信長公記」は記している。前年、倒壊してから丁度一年目。それを吉日として、信長は復旧なった天主に正式に移ったのであろうか。

その後天正八年（一五八〇）六月〝かつて見た事がない壮大な宮殿安土山の城の完成〟（「イエズス会日本報告集」）と伝えられた安土城も、三年半後の天正一〇年（一五八二）六月一五日、〝安土放火云々、自山下類火云々〃（「兼見卿記」六月一五日条）とあり焼失した。

本能寺の変後、安土城に入っていた光秀の女婿、明智弥平次秀満《ひでみつ》が山崎での光秀の敗戦を知り、坂本城に移るため安土城を退去したのは焼失の前日の六月一四日である。いずれにしても、秀吉・信孝が到着した一六日、安土城は既に灰燼と化していたのである。

尚、天主と城下町を結ぶ百々橋口道の途中にある摠見寺はこの時類焼を免れたがその後、江戸末期焼失し、大手脇道の伝徳川家康邸跡に仮本堂が建てられた。

天正一三年（一五八五）豊臣秀次が八幡《はちまん》山城（近江八幡市）を築城したことにより安土城は廃城となる。

補⑱　上京舟橋《かみぎょうふなばし》

京都市上京区今出川通堀川西入（西陣船橋）にある鶴屋吉信本店前に跡地を示す石標があり足利尊氏の執事高師直の邸があったとされ、泉殿の下に舟橋を浮かべて結構を尽くしたのが地名になった（「京都鑑」）。又、堀川が氾濫したとき、舟を繋いで橋としたことから起ったとも言われている。

補⑲
和田裕弘《やすひろ》〝安土城、初代天主は倒壊していた〟（「歴史読本」二〇〇七年一一月号）

加賀藩五代藩主前田綱紀《つなのり》（寛永二〇年一六四三〜享保九年一七二四。享年八二。）は治政良く、又、古文献収集・刊行に力を尽くし、加賀藩中興の英王と称せられている。

その綱紀が諸国から収集した記録「松雲公《しょううんこう》（綱紀）採集遺編類纂《さいしゅういへんるいさん》」の中の「東大寺大仏殿尺寸方　幷《ならびに》　牒状奥ニ私之日記在之」天正六年五

月一二日条に、奈良の水害―「多聞院日記」五月十三日条にも〝又大雨兼日ヨリ降〟二日続けて大雨とある―・大津の災害に続き安土城についての〝同アッチ之城天主タヲレ畢《おわんぬ》、人民死畢〟という記事があるのを和田裕弘氏発見公表した。これにより、本能寺の変後に放火され、焼け落ちた日本初の高層天守は実は二代目の天主或いは初代の修復天主（天守と表記されるのは秀吉時代以降）だったことになる。

一方、二〇数年安土城跡の発掘に携わった滋賀県文化財保護協会は、〝建て直した痕跡はなかった〟という（二〇〇七年九月一五日朝日新聞朝刊）。

そうだとしたら、私見であるが、初代天主は完全に倒壊したのではなく、屋根瓦・外壁・内壁・窓（枠）は勿論のこと、五層七階の天主全体が大きく損傷を受け、忽ち倒壊の噂が流れたのではなかろうか。そして、凡そ八ヶ月で修復がなったと考える。

補⑳
宇喜多直家
享禄二年（一五二九）～天正九年（一五八一）。享年五三。備前の豪族。
播磨国守護赤松氏の家臣浦上氏に仕えていたが、浦上氏が赤松氏を滅ぼした時、主家浦上氏を追放し、播磨を支配。羽柴秀吉と毛利軍との播磨上月《こうづき》城の戦いで、上月城が秀吉の手に帰したため、毛利氏と袂を分かって秀吉に応じ、信長に帰属する。その子、秀家は関ケ原の戦いで西軍につき敗れ、主従一三人とともに慶長一一年（一六〇六）、八丈島へ流罪。在島五〇年、八四歳で没す。

第九章の情景

①洪水で押し流された上京舟橋。〝西陣舟ばしの碑〟（写真左隅）を望む。

②礎石が一、二メートルおきに並ぶ地階にあたる安土城天主跡。天主は標高二〇〇メートル近くの頂の石垣の上から五層（内部は地下を含め七層）の約三七メートルの高さであった。

③セミナリヨ（修道院）跡から安土山を望む。「信長公記」には、天正八年（一五八〇）閏三月一六日、〝安土城の南、新道の北に入江を掘らせ、田を埋めて、その地を伴天連にお屋敷地として下された〟と記されている。

④摠見寺本堂址から北西の西の湖を遠望。

第九章の情景①

第九章の情景②

第九章の情景③

第九章の情景④

第九章の情景④

第一〇章　第一〇の嗟哉―四九歳

［天正一〇年（一五八二）、壬午《みずのえうま》、六月二日］

（一）人生の絶頂を謳歌す

これまで信長は度重なる〝嗟哉〟を、運も味方にして間一髪で切り抜けてきた。そのわずかな挙動が世に大きな影響を与える人物になってからも、その心は一度として常在戦場の緊張感から離れることはなかった。

それは、後の秀吉と家康と違い、天下統一の過程で政治の中枢である京に向かって次から次へと居城を移しつつ常に群がる反対勢力に取巻かれ、四六時中泥と血に塗《まみ》れ、悪戦苦闘を繰り返し、常に強く早い決断力が必要であったからであり、信長はその資質を有していたのである。そしてその強い決断力は〝紆余曲折を悪《にく》めり〟（もってまわったいい方がきらい）と宣教師ルイス・フロイスが評した信長の性格であり、裏返すと、傲慢・冷酷となるのであろうか。

しかしその一方、信長は冷徹な完璧主義者であると同時に好奇心旺盛なプラス思考の持ち主であったことも信長のリスク意識を理解する上で重要なポイントであることにも留意する必要がある。

扨、そうした中で天正一〇年は信長にとって、一体どんな年であったのであろうか。

一言で表すと、〝人生の絶頂を謳歌することに時を費やし、その心が最も弛緩した年〟だったのではないか。そして、この一瞬の隙が〝嗟哉〟となり、信長に死をもたらした〟と考える。

勿論、このような状況が天正一〇年に突然出現した訳ではなく、その徴候は既に三～四年前から見られ、武田信玄の病死・朝倉浅井両氏の滅亡（天正元年）、上杉謙信の病死（天正六年）、離叛した松永久秀・村木村重の始末（各々天正五年・七年）、足かけ一一年に及ぶ本願寺合戦の和睦（天正九年）など、多くの困難を乗り切り、安堵の胸を撫でおろしたのか、天正一〇年になると次のような徴候が一層見られるようになる。
（イ）頻繁に遊びに興じるようになる。
（ロ）古往今来、誰もやったことがない革新的なことをやろうとする。
（ハ）独り善がりの傲慢さと、専制的言行が目立つ。
これら三点の徴候が次の人生の絶頂を謳歌したAからGまでの七つの事柄にどう当て嵌まる事か検証してみる。

A：相撲の興行《こうぎょう》（イ）（ロ）
「信長公記」には、相撲好きの信長が、安土城の内外、京屋敷である二条御新造の庭などで都合一〇回程相撲の興行をしていることが記されている。

元亀元年（一五七〇）三月三日、後に安土と呼ばれる常楽寺の地で、信長は大々的な相撲興行を企画し、近江の国中の力士を召し、勝ち残った鯰江《なまずえ》又一郎秀国（六角氏の旧臣。天正二年、長島攻めで討死。）・青地《あおぢ》与右衛門《よえもん》（後、御厩別当《おうまべっとう》）に熨斗《のし》付きの太刀・脇差を与え、相撲奉行を任じ家臣としている。特に、天正六年（一五七八）八月一五日には安土城内で、近江・京都をはじめ力士一五〇〇人を集め、午前八時頃から午後六時頃まで興行。好成績の力士一四人には熨斗付きの太刀・脇差・裃《かみしも》だけでなく、百石の領地と家屋敷まで与えたという。

その後、信長が相撲に興じる度合いは増す一方で、天正八年になると五月五日、七日、六月二四日と続き、本能寺の変の前年の天正九年には四月二一日に安土城で相撲大会を興行している。先の天正六年安土城での大会で百石と屋敷を獲得した大塚新八郎はここでも勝ち力士になり、信長からさらに領地百石が与えられた。信長は優れた力士一人一人に誉め言葉をかけたという。

この相撲大会が行われていた時、中国方面軍の羽柴秀吉は、三木城攻略播磨平定後、因幡の攻略、北陸方面軍の柴田勝家は能登平定後、越中の攻略の直前にあって、各々戦線ではその準備で緊迫感が漲っていた。が、ここに一人、指揮下にある丹後の長岡藤孝や連歌師里村紹巴《さとむらしょうは》（補㉑）と連歌に興じたり新領地丹波の領国経営に腐心している近畿管領軍の旗頭《はたがしら》、惟任日向守《これとうひゅうがのかみ》明智光秀の姿があった。

その後、信長は相撲に少し飽きてきたのかもしれない。或いは秀吉の因幡鳥取城攻略が迫っていたためか、「信長公記」には以降、相撲の記事はない。より、心身を満たしてくれる何物かに好奇心が移っていたのであろうか。

いずれにしても信長は、簡明直截を好み、実力が丸裸になる相撲を愛好したのであろう。

余談だが、〝行司・弓取式・力士の四股名《しこな》・ごひいき筋のタニマチ〟などは全てこの興行から始まっており、信長は近代相撲の元祖といってよい。

B：名物狩り（イ）（ロ）（ハ）

政事や政策を司る天下一統者のステータスとして、又、諸将に対する報奨として活用するため信長が始めた名物集めは、銭を与え、遠慮会釈もなく強引に手に入れようとする名物狩りそのものであった。

信長が名物に強い執着心を持つようになった切っ掛けは永禄一一年（一五六八）、足利義昭とともに上洛した折、松永久秀から献進された東山御物《ごもつ》の一つで大名物《おおめいぶつ》の九十九髪茄子《つくもかみなす》の茶入と、堺衆の中でいち早く献じた今井宗久からの松島葉茶壺と武野紹鷗《たけのじょうおう》茄子の茶入を手にしたことであろう。特に、松永久秀との関係が危ういものになった原因の一つが名物狩りであったことは前述の〝第六の嗟哉〟で見てきた通りである。

信長の命により安土から本能寺に運びこまれた茶書「仙茶衆」（補㉒）に記されている三八種の名物茶器は、目もくらむような高価なもので、天正一〇年六月一日の茶会から漸次披露されるものであった。これら名物の殆どは、名物狩りで集められたものであり、六月二日の本能寺の兵火でことごとく焼失した。

信長は最後の茶会となった六月一日以降も、四日の中国・四国方面出陣までは政治・政策のためだけでなく、自己の満足のために本能寺に持ち込んだ多くの名物を漸次披露しようとしていたに違いない（補㉓）。

信長は茶会のことに没頭する余り、戦国の世にもかかわらず本能寺への上洛に際しては全くといっていいほどリスクに対する管理を疎かにした。即ち、名物で命を落としたともいえるのである。

補㉑

里村紹巴

大永四年（一五二四）～慶長七年（一六〇二）。享年七九。

信長・秀吉期の連歌界の第一人者。作品には本能寺の変後秀吉から吟味を受けた「愛宕百韻」の他、「毛利千句」「連歌教訓」などがある。

連歌の時代は紹巴をもって終わったと言われる。

かなり以前から明智光秀と親交していた紹巴は、本能寺の変の直前の五月二八日、愛宕山西之坊で光秀とともに百韻を興行して神前に捧げ（「信長公記」）、変の後の六月九日、既に姫路を出た秀吉との一戦を前に吉田兼見邸で愛宕山連歌会のメンバー里村昌叱《しょうしつ》（紹巴の娘婿）などとともに光秀は夕食をともにしている（「兼見卿記」）。

尚、紹巴は本能寺・妙覚寺のすぐ傍らに住み、信長たちの行動を逐一光秀に伝えていたのであろう。変の当日、誠仁親王が内裏に逃れる際、まるで事態を予想していたかのように手際よく荷輿《にないこし》を用意したという。

補㉒

仙茶集

本能寺の変より一一年後の文禄二年（一五九三）、宗魯《そうろ》が堺で筆録した茶の湯六種の記録書。その五種目に〝つくも茶入〟以下三八種の名物茶器の名が書きあげられている。これを書きあげた楠木正虎《くすのきまさとら》（号を長庵《ちょうあん》・長諳《ちょうあん》、享年77）は、武井夕庵・明院良政《みょういんりょうせい》と並ぶ信長の右筆で、信長の命で本能寺へ運び込まれる名物一覧三八種を記録している。

正虎は松永久秀、信長・秀吉と仕え「右筆中の右筆」と評されるが秀吉期の後陽成天皇の「聚楽行幸記」は大村由己が著し、長諳が清書して、秀吉が朱印を捺して天皇に献上された。

補㉓

六月一日以降の茶会の予定と島井宗叱

〝来る二八日、上様（信長）、御上洛なされ候。……博多の宗叱に見せさせらるべき由〟茶道具をもって京へ上ってくるように宗及など堺の豪商茶人連名宛の松井友閑の書状（天正一〇年正月一九付。「島井宗室日記」）がある。が結局、その時は信長の都合で延期になり漸く、6月上洛した折、信長秘蔵の名物を宗吔が拝見できることになったのであろう。

仙茶集の中の五種目の茶の湯についての記録の中に、信長が本能寺に持ち込んだ三八種の名物の記録（「仙茶集」所収の御茶湯道具目録）を、信長の命で宗吔《そうしつ》（宗室）に伝えている天正一〇年六月一日付の記事がそのことを裏付ける。

島井宗吔《そうしつ》は博多の豪商で天正八年（一五八〇）八月から本能寺の変の頃まで、上方の茶の湯の会にしばしば登場し、町衆茶人から次第に武将との交わりに発展しておりそして、宗吔は何故か天下一〇年の正月の月、上方に長く滞在しているのは信長名物を拝見するためであろうか。

本能寺の変の時、信長に茶会に招かれていたが、床に掛っていた空海自筆の千字文を寺外に持ち出したという（島井家伝蔵の「由緒書」）。

秀吉の九州征伐を機に戦火で焼失した博多の復興に尽力。利休・織部らとも交渉がある茶人。

C：前代未聞の左義長《さぎちょう》並びに天覧大御馬揃《おおうまぞろえ》など（イ）（ロ）

その一――天正九年正月一五日。

諸将の安土への参賀を取り止め、馬廻衆だけに出仕を命じ、安土城の北側、松原町の西方から琵琶湖の端にかけてに馬場を築かせると、一五日、信長は黒の南蛮笠をかぶり、顔には墨で眉がきをして、赤い頬あてをつけ、唐錦の袖なし陣羽織と虎革の膝当てを着け、〝芦毛の御馬、すぐれたる早馬、飛鳥のごとくなり〟と名馬に跨り登場すると、近衛信基《のぶもと》、織田一門衆などは思い思いの頭巾に様々な衣装を身につけ早馬一〇騎二〇騎ずつ編隊を組み、その後ろから爆竹を鳴らし一度にどっとはやし、その後、馬場から城下の町を乗り回す（「信長公記」）という信長流の前代未聞の左義長（爆竹《さぎちょう》）を行った。

（尚、これに気をよくしたのか、翌年の正月一五日にも雪が降り厳しい寒さの中、近江衆を初め、諸将・一門衆を招集した信長は午前八時から午後二時まで左義長を挙行している。）

その二―同年二月二八日。

エンターテイナー信長による左義長のイベントは恐らくは信長の目論見通りであったのであろう、〃見物群衆を成し御結構の次第、貴賤耳目を驚かし申すなり〃と正親町天皇（永正一四年一五一七～文禄二年一五九三。第一〇六代）も注目するところとなり、一月二三日、信長は明智光秀に馬揃えの総奉行を命じ、斯くして、二月二八日洛中天覧御馬揃が挙行された。

この馬揃えを禁裏東門の築地の外の桟敷席で見学した天皇・誠仁《さねひと》親王は、〃かほど面白き御遊興をご覧になり御歓喜、斜めならざるの旨、忝《かたじけな》くも御綸旨〃（「信長公記」）と大変喜んだという。又、「多聞院日記」も、諸国から見物衆が数多く上洛し、奈良中よりも〃事々敷《ことごとしく》〃のぼり、〃見事さは前代未聞、未来得べからず云々、中々言慮の及ばざる事也云々〃と記し、馬揃に驚嘆している。

「立入左京亮入道隆佐記《たてりさきょうのすけ》」によれば、馬揃は内裏の東、一条通りから近衛通りまでの南北四町半（約四九〇メートル）、東西一町半（約一六三メートル）の〝東西に埒《らち》（柵）を結い南北に御馬を被立った〟馬場で午前八時頃から午後二時頃まで行われたという。尚、「信長公記」は南北八町（約九〇〇メートル）と記している。

「フロイス日本史」並びに「信長公記」によれば、この時信長の招待者の中に、片言の日本語を話し、芸もできる二六、七歳のたくましい一〇人力以上の黒人（彌介《やすけ》）を大変気に入った信長の求めに応じて本能寺で信長に渡したイエズス会の宣教師でイタリア人の東インド巡検師ヴァリニャーノ（補㉔）の姿があった。七〇〇〇人もの武将が行軍し、二〇万人近くの見物人が見守る中で、信長はこの宣教師から貰ったビロード製の椅子を家来たちに高く持ち上げさせ、下馬して座って見せたという。

諸国から上洛してきた大群衆、禁裏東門の築地の外に五間三間（長さ約九メートル、奥行約五・四メートル）の観閲のため作事された桟敷に居並ぶ天皇を初め、公卿・殿上人を前にして、能の高砂太夫《たかさごだゆう》の出で立ちで、梅花を折り首に挿し、馬場入りした華麗な出で立ちの信長や、御馬場入りの儀式に、〝まるで住吉明神のご来現もかくや〟と人々は感じ入った（「信長公記」）という。

この時、信長は、京都は隅々まで吾が統治下にあって最も安全で安心できる場所と思えたのであろう。その結果、翌年の五月、殆ど無警戒で上洛し、本能寺に入る信長の姿を見ることになる。

その三―同年三月五日。

この馬揃に気をよくした信長は、天皇から再度馬揃のご所望を快く受け、正親町天皇を初め、公卿・女御・更衣らの大勢が美しい装いで見学される中、五〇〇騎の名馬を選び、挙行し、〝一天万乗（天下を統治する）の君をおそば近くで拝顔できるのも、信長公のご威勢があればこそ〟と参集した人々は手を合わせて感謝していたと「信長公記」は伝えている。

その四―同年八月一日。

更に気分を良くした信長は、今度は五畿内と隣国の諸将・近衛前久など公家衆や信長の一門衆を安土に呼び寄せ、おびただしい見物衆の中、馬揃を挙行した。

尚、同月一二日、信忠も尾張・美濃の諸将を呼び寄せ、長良川の河川敷に前後に高い築地を造り、左右に八尺（二四センチ）の柵をもって馬場を構築し、軍事調練を兼ね馬揃を行っている（「信長公記」）。

信長は、相撲でも名物狩りでも、好奇心を持つとたちまち熱中し、絶対他者に追従を許さないレベルまで高みを目指そうとする。しかもそれは改革的であり、斬新なものでないと納得できない。本能寺の変に至る二～三年前から、特にこの傾向が強まり、何度も指摘するように自身の・・・・・・・・・・・・・・・・リスク意識に対する集中力は徐々に疎かになっていったと思われる。

尚、信長は若い頃から並外れて好奇心が旺盛であった。しかし、それは極めて戦略的なもので、〝人心の把握・情報の入手〟を狙ったものであり、同時に孤高の性の故か、気の発散の手段にもしていたと考える。

その好奇心の対象は、相撲・名物以外にも、おどり（女・鷹・幸若舞などの踊り）・宣教師が伝えるもの（カステラ・コンペートー・葡萄酒・時計・遠眼鏡・黒人など）・鶉と鷹（興じるとともに匠の保護）と馬など極めて多岐に渡っている。

現在、四〇〇年に一度の天才と言われる藤井聡太氏の将棋の世界も、四〇〇年前（元和五年一六一九）頃活躍した大橋宗桂をかつて信長が召した時、信長は象戯を見て〝是れ陣法を象《かたど》る武人よろしく習知すべき芸なり〟と命じたと象戯図式の序文に林羅山が著しているなど、現代の産業・スポーツ・芸など、多くの原型に結果的に信長が係わっていたということになる。

ここで「立入左京亮入道隆（立）佐記」の立入《たてり》氏について触れておきたい。

立入宗継《むねつぐ》。号、隆佐。享禄元年（一五二八）～元和八年（一六二二）、享年九五。禁裏御蔵職。妻（江州山中領主磯貝久次《いそがいひさつぐ》の娘）の妹は織田の臣、道家《どうけ》氏。永禄七年（一五六四）十月、同十年（一五六七）十一月、の二度信長に面会し、御料所の復興などにつき正親町天皇の綸旨《りんじ》を伝えている（「道家祖看《かん》記」）。信長の上洛を促進したのであろう。本願寺と信長の講和では天正六年（一五七八）十月和平の斡旋をこころみ勧修寺晴豊を説いている。政治の裏面で活躍した人物。

補㉔

ヴァリニャーノ

パードレ・アレッサンドロ・ヴァリニャーノは、天正七年（一五七九）、ポルトガル船で島原半島に上陸。領主・有馬晴信を支援し、領内に二万を越えるキリシタン（ポルトガル語のChristao）の信者を得る。

ヴァリニャーノの日本滞在は天正七年から十年、天正一八年（一五九〇）から文禄元年（一五九二）、慶長二年（一五九七）から八年（一六〇三）までの三回。

天正九年上洛したヴァリニャーノを引見した信長は、馬揃に招待したり、安土城を料理場から馬屋までくまなく見学させ、狩野派の絵師による安土城と城下を描かせた屏風を贈った（この屏風を天皇は大変気に入り所望するも、信長は贈らなかったという）。又、ヴァリニャーノが安土滞在中、信長の命で埋め立てられた安土山の南の土地に建てられた三階建てのセミナリヨ（修道院神学校）を訪れ、西洋の時計を見学し、オルガンの演奏に聴き入ったという（「信長公記」、「イエズス会日本年報」）。

このような信長の好意があって、天正七年（一五七九）頃、既に一五万を数えていたキリシタン信徒は急速に増えた。

予て、日本からローマ教皇へ使節の派遣を企画していたヴァリニャーノは、キリシタン大名大友義鎮《よししげ》・有馬晴信《はるのぶ》・大村純忠《すみただ》の賛同を得、その結果義鎮の又甥の伊東マンショ・晴信の従弟の千々石《ちぢわ》ミケルその他、原マルチノ・中浦ジュリアンの一三～一四歳の少年四人が使節に選ばれた。天正遣欧使節である。

天正一〇年一月二八日、ヴァリニャーノに引率された一行は、ポルトガル船で長崎を出航。三年二ヶ月後、ローマに到着。教皇グレゴリオ一三世は、バチカン宮殿・国王の間で一行と会見、格別の礼遇と歓待を受ける。一行から教皇への贈物は、信長から受け取った安土城の屏風であった。

一行が長崎に帰ったのは天正一八年（一五九〇）六月。翌年、閏正月八日、秀吉はヴァリニャーノ一行と聚楽第で引見。

しかし、秀吉のキリシタン禁圧期に入っており後、信仰を捨てた千々和ミゲルを除く三人は、寛永一〇年（一六三三）、逆さづるしの刑で殉教。中浦ジュリアンは最後に臨んで〝自分はこの目でローマを見た中浦ジュリアンである〟と叫んだという。

黒人、弥介《やすけ》

甲州からの帰陣の途中、〝上様（信長）、くろ男御つれ候、身ハすミノコトク、タケハ六尺二分（一八〇八センチ）、名は彌介と云（「松平家忠の日記「家忠日記」四月一九日条）とあるように信長は弥介と名付け、翌年の甲州征伐にも連れて行った。

変の当日、本能寺に居た弥介は信長の命なのか、二条御所に駆け付け、〝長い間奮戦したところ、明智の家臣に捕獲されるが明智は黒奴は動物で何も知らず日本人でないからこれを殺さず、インドのパードレの聖堂（京都の南蛮寺か）に置けと言った〟（「イエズス会日本年報」）。

結局、本能寺の変で生き残った信長の唯一の従者となった。残念ながら、この黒人の従者が語り残した記録はない。

D：安土城を奇行で演出（イ）（ロ）
その一―天正九年（一五八一）七月一五日。
盂蘭盆会《うらぼんえ》の際、信長は天主閣・摠見寺に提灯を数多くつるさせ、新道・江の堀には御馬廻りの人々に舟を浮かべ、手に手に松明《たいまつ》をともさせ、城も城下も水面も輝き、〝言語道断面白き有様〟（「信長公記」）となり、多数の見物人の中にヴァリニャーノの姿もあった。
信長は、全ての家臣たちに家々の灯を消すよう命じ、天主や摠見寺をイルミネーションで浮び上げ、〝安土は信長の天下城である〟ことを効果的に演出したのである。
その二―天正一〇年（一五八二）元旦。
織田一族・諸国の大名・諸将は勿論のこと、多数の庶民が年賀の挨拶に詰めかけ、〝百々橋《どどばし》から摠見寺に上る石垣が崩れ、死者が出る程の大騒ぎとなる中、信長は大名・小名問わずお祝銭一〇〇文（一万円位か）を持参するよう触れ回らせた。

摠見寺の毘沙門《びしゃもん》堂や能舞台の見学後、天主下の本丸の白洲まで参上した織田一門・諸将らは、順に目映いばかりの薫香ただよう天皇の行幸用とされる御幸《みゆき》の間などを拝見し、元の白洲へ戻ると、信長は厩《うまや》の入り口に立って、一〇〇文ずつの祝い銭を一人一人から直接受け取り、後ろへ投げ入れたと「信長公記」は生々しく記している。

あの少年時代の怖いもの知らずの〝うつけ〟をもう一度彷彿させるかのような奇行ともとれるこの様な行いは、恐らく人生の絶頂を謳歌しつつある信長の心から極く自然と出たものであろう。

しかし、このように謳歌している状態から、緊迫した常在戦場の心構えに瞬時に切り替えようとしても、五〇歳に近づくに従って、さすがの信長でも緩慢にならざるを得なかったのであろう。まして勝手知ったる気の置けない京都なら尚更である。

E：戦国期、五〇泊の遊覧旅行（八）

天正一〇年二月三日、武田一門の木曽義昌が寝返り、帰参してきたその機を逃さず甲斐侵攻を決めると、信長は信忠を総大将とする各将に出陣を命じた。

信忠出陣から遅れること約一ヶ月後の三月五日の未明に、出陣した信長は三月一四日、途中の信濃下伊那《しもいな》郡の根羽《ねば》から平谷《ひらや》を越え浪合《なみあい》に在陣中届けられた勝頼・信勝（注記㊄）父子の首を実検。三月十五日、陣を移した飯田で勝頼父子の首をかけさせた信長は京へ送って獄門にかけることを命じた。そして三月一九日から四月二日まで一三日間も上諏訪の法華寺（諏訪市）に在陣して武田旧領の国割を定め関東八州の御警固《おんけいご》と東国の儀御取次を滝川一益《かずます》に申し付けると、これ以降の信長の行軍は遊覧旅行そのものとなった。

四月一〇日、甲府から右左口《うばぐち》（甲府市）に至り、徳川家康の新造の陣屋に入り、その後織田方による激しい武田方の残党狩りと殺戮《さつりく》が続く中、信長は厳しい警固体制が敷かれた家康の領内で家康のゆきとどいた歓待を受けながら、白糸の滝を見物し、富士山を望みながらゆっくりと西へ向かい、四月二一日、安土に凱旋した。

この四月二日から二一日までの三週間はかつて経験したことのない、行くところ無敵の大名旅行となった。が、このことが〝最早自分を妨げる者は誰もいない〟との妄想につながり、危機管理に弛みが生じていったのではないか。

問題は、この武田氏滅亡の旅の中で、信長は一度ずつ異常な行動と異常な判断をしたことである。

一つ目は三月一四日、信長のもとに届けられた勝頼の首に対し、信長は罵声を浴びせ、杖にて二つ突きての後、何と飛びかかり足蹴にした（「定本常山紀談上」湯浅常山・細川忠興の伝記「綿考輯録《めんこうしゅうろく》」）といった異常な行動をとったと伝えられている。しかし一次史料にその裏付けはない。もっとも二五年前の稲生の戦い後、清須城での美作守の首実検（第四章二の稲生の戦い）の折、信長は美作守の首を蹴飛ばしているが（「信長公記」天理本）。

二つ目は四月三日、信長が富士を見ながら帰途につき、甲斐古府中に入った時、信長を迎えた嫡男信忠は信長の指示により津田九郎次郎元嘉《もとよし》・長谷川丹波守与次《よじ》らに命じ、信玄の菩提寺恵林寺《えりんじ》（補㉕）が三月一一日に自害した勝頼の遺骸を引き取り、追善供養を行ったこと、信長に敵対し武田氏に保護されていた近江六角承禎の子の佐々木次郎、若狭武田五郎などを匿《かくま》っていたこと、などを口実に快川紹喜《かいせんしょうき》長老以下、寺中の老若余さず山門にのぼらせ、わらを積み上げ放火。一五〇余人を焚殺した（「信長公記」）という異常な判断である。

この時、焚殺を命じた信長の心理状態はどうだったのか。武田信玄・朝倉・浅井・本能寺・松永久秀などによる反信長大包囲網にじわじわと追いつめられ、信玄への恨みが骨髄までしみこんだ元亀三（一五七二）頃の悪夢がよみがえり、感情を暴発させたのであろうか。天正二（一五七四）年正月、八年前の散々苦しめられた朝倉・浅井の頭領の頭蓋を薄濃《はくだみ》（漆で固め彩色）にして、酒のさかなにしていることを考えると驚く程のことではない。

が、既に天下人といってよい立場になっても、些かの寛恕《かんじょ》もなく、益々感情をおさえることができなくなっている信長に、何か病的なものを感・・・・・・・・・・・・・じざるを得ない。

尚、武田氏に匿われていた佐々木次郎・武田五郎は処刑されたが、小屋に蟄居《ちっきょ》していた尾濃の牢人衆の元美濃守護土岐頼芸《ときよりより》・信長の従兄弟にして元犬山城主織田信清《のぶきよ》・主家筋の元岩倉城主織田信賢などは助命されたようである（「松井友閑宛黒印状写」）。

（注記㊄）

武田氏滅亡に際して、信長と縁《ゆか》りのある「信勝」と「松姫」そして「信房」に触れておきたい。

○武田信勝《のぶかつ》

遠交近攻・政略結婚による外交の妙に優れた信長は妹婿である東美濃の苗木城（中津川市）遠山直廉《なおかど》（苗木勘太郎）の娘を養女とすると永禄八年（一五六五）十一月一三日、養女を武田信玄の子、勝頼に輿入させる。二年後の永禄十年嫡男武王丸、後の信勝が出生するが養女は難産のため急逝。すかさず信長はその年の十一月、信玄の八歳の娘、松姫を嫡男で十一才の信忠の正室とすることを約す。

天正十年三月十一日、父勝頼（三七才）の子、信勝（一六才）は田野《たの》（甲州市大和町）で甲斐源氏の象徴〝楯無の鎧〟をつけ、元服し、父子共に自刃したと伝えられる。ここに甲斐武田氏は二十代で滅亡する（「甲陽軍艦」）。

○武田松姫《まつひめ》
天正元年（一五七三）信玄の病死とともに信忠との婚約が自然解消した松姫は、武田滅亡の際、勝頼のすすめで武州八王子に逃れたと伝わる。後、八王子城主大久保長安の援助をうけるが、仏門に入り、信松尼と号し、生涯独身で通す。織田信忠との婚約中、織田家からの預かり人として新築の館に移り住み新館御料人《にいだてごりょうにん》と称された美貌の松姫は元和二年（一六一六）四月寂しく没した。享年五七。
○織田信房《のぶふさ》（勝長）
信長の四男。幼名、お坊。（東美濃岩村城（恵那市）遠山景任《かげとう》の養子。元亀三年（一五七二）十一月、武田の将、秋山信友（虎繁）は岩村城を攻略するとお坊を甲斐の信玄へ送る。

武田勝頼の代となり、和睦交渉を望む勝頼の意図のもと天正八年（一五八〇）初め佐竹氏の仲介により、信房は尾張に召還される。

天正十年二月、兄信忠に従い武田攻めに赴く。本能寺の変に際しては二条御所にて信忠とともに討死。

　尚、秋山信友は信長と二度会っている。

一度目は、松姫と信忠の婚約の際信長からの豪華な結納に対する答礼の為、岐阜に出向いた永禄十一年（一五六六）六月上旬。

〝初日には七度御盃出て、……三日目に、梅若大夫《たゆう》能……其後は岐阜の川（長良川）にて、鵜匠をあつめ、鵜をつかはせ、……鮎の魚、上中下を……信長直に仰渡され〟（「甲陽軍艦」）といった信友は信長から最大限のもてなしを受けている。

二度目は天正三年（一五七五）十一月二十一日、織田信忠が岩村城を開城させた時。信長は城将秋山信友を岐阜に送り、一度目に会った長良川の河原で磔刑にした。享年四九。

補㉕
恵林寺

山梨県甲州市塩山《えんざん》の乾徳山《けんとくさん》のふもとにある臨済宗の寺。元徳二年（一三三〇）、二階堂氏が夢窓疎石を開山として創建。臨済宗妙心派の明叔慶浚《みんしゅくけいしゅん》は武田氏の援助により夢窓派の恵林寺を再興し、妙心寺の末寺となる。後、武田信玄の菩提寺となり、信玄は美濃崇福寺の快川を丁重に招き住持とする。

死にのぞみ快川は、泰然自若〝心頭滅却すれば火もまた涼し〟と言い放ったという。長老だけでも一一人が死んだといわれ、その中でも快川長老は前年、正親町天皇から大通智勝《だいつうちしょう》国師という国師号を賜っていた。

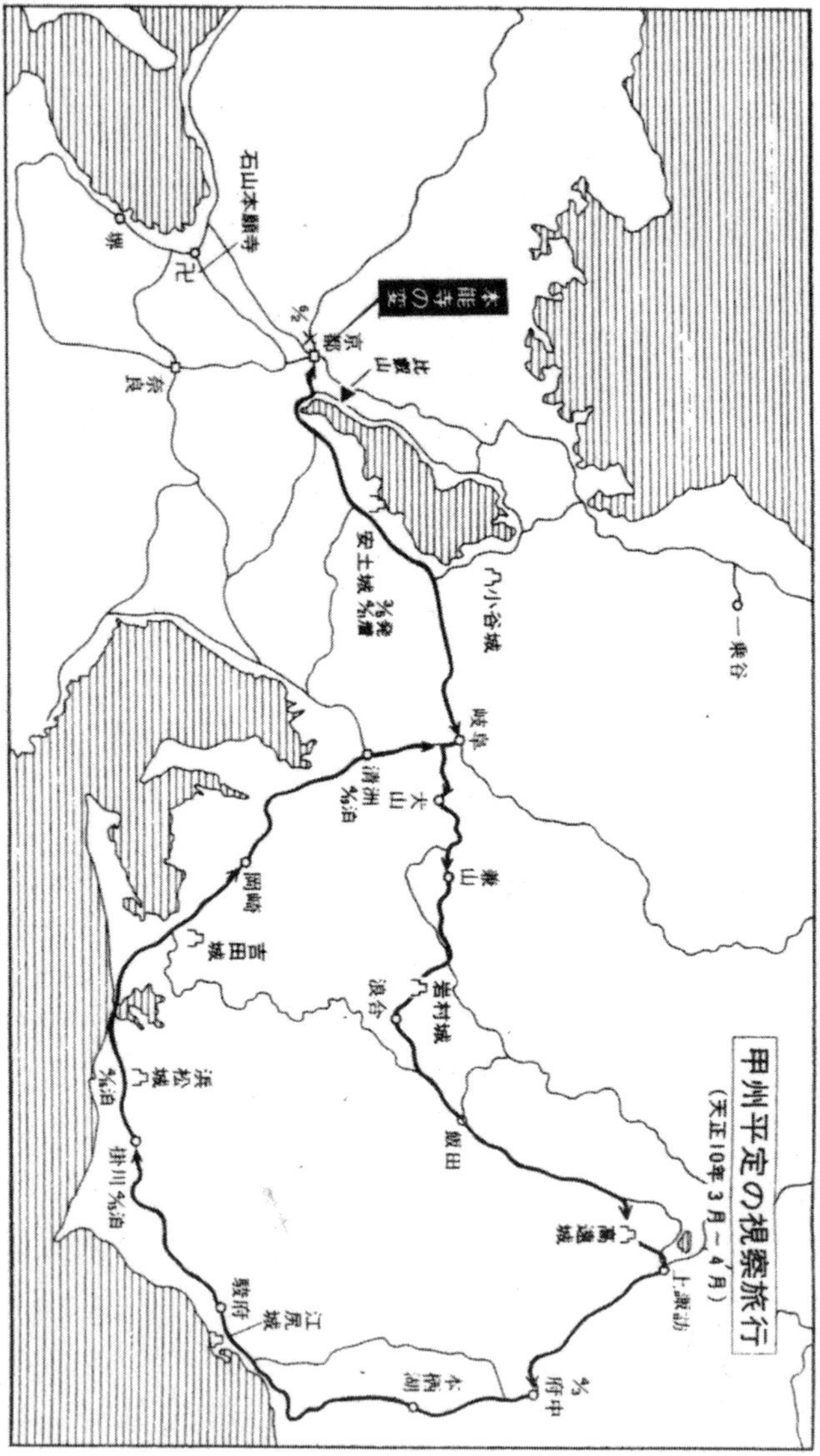

「織田信長総合事典」（岡田正人編著）行動図

Ｆ：自分は国の王で、自分の言行が全て（ロ）（ハ）

天正五年（一五七五）一一月、従三位・権大納言・右近衛大将で公卿となっていた信長は、従二位に叙し、右大臣に任官される。

が、翌年の天正六年四月九日、突然右大臣・右大将の両官を辞任する。更に天正九年三月、左大臣を正親天皇から勧められるも、誠仁親王への譲位後に拝命すると奏請《そうせい》し、受けなかった。そして、更に翌天正一〇年四月、武田氏を滅亡させ、凱旋した信長は朝廷からの関白・太政大臣・将軍の三職のいずれかを推任するという打診「三職推任」―〝安土へ女はうしゅ（女房衆）御くたし（安土城へ下し）候て、太政大臣か関白か将軍か、御すいにん候て可然候よし被申候、その由申し入れ候〟（権中納言　武家伝奏《てんそう》勧修寺《かんしゅうじ》晴豊《はるとよ》の「日々記」所収「天正十年夏記」二五日条―国立公文書館内閣文庫所蔵）に対し辞退したようである。

ここで思い出すのが、足利義昭とともに上洛した翌年の永禄一二年（一五六九）五月下旬、布教の支援を得る為岐阜城にやってきた宣教師ルイス・フロイスに対し信長は、〝内裏（朝廷）も公方《くぼう》（将軍）も気にしなくてよい。全て、予の権力下にあり〟と居並ぶ近臣の前で述べたことである（「ルイス・フロイス日本史」）。

最高実力者になれば、国内の官位に拘らず、天皇を今でいう〝象徴的存在〟とし、自分は〝国の王〟となる。或いは全国を平定するに官位はなくてよく推任を受けるとしても平定の後でよい。そう信長は考えていたのか。

こうした考えが頂点に達した天正一〇年、その権威を最も示すことができ、且つ自分が思うまま支配し最も安全で安心できると考えていた京都で、信長は極く自然に無防備になっていったのであろう。

G：弛み・乱れを極端に嫌う潔癖で、且つ猜疑心の強い執拗な性格（八）その一――天正六年（一五七〇）一〇月一日。

対本願寺合戦の最中、間近に迫る毛利水軍による本願寺への兵粮《ひょうろう》入れを阻止できるか否かの決め手となる鉄張の甲鉄船の視察を無事終え、夜、京都の自邸、二条新造に帰った信長は、留守中に女房衆が遊興していたことを知り、激怒し、直ちに関係した同朋衆の住阿弥や〝さい〟という女房を成敗する。

その二―天正九年（一五八一）四月一〇日。

小姓衆五～六人を連れ、竹生島に参詣した信長は、往復三〇里を唯一日で帰城。ところが、遠方故、一日では信長は戻らないと考え、留守中、二の丸に出向いたり、桑実寺《くわのみ》に参詣していた女房たちと、これを庇いだてした寺の長老ともども信長は成敗した。

その三―天正八年（一五八〇）八月。

本願寺との足かけ一一年に及ぶ戦いに終止符が打たれると、信長は刃の先を〝かつて信長に叛逆したとか、三〇年の奉公の中で一度として、比類ない働きをしたことがないどころか、身内の者は一人も死なさず逃げ帰った〟などと責めたてるなどして、宿老林秀貞（第三・四章参照）・

佐久間信盛や、八年前、西上する信玄と内通したとして武将安藤（東）守就父子、家臣が誤って鷹狩りの途、通りかかった信長の近くに大石を落としたとして丹羽氏勝らに向けると、一斉に遠国に追放してしまった。ここに、潔癖さと執拗さが昂じる信長の姿が浮かび上がる。

そして、〝嗟哉は五月二九日（当時の暦では五月は小の月にあたり、二九日まで）、安土城をたち降りしきる雨の中、迎えの公家衆に出迎え無用と蘭丸先触れした上で昨年の三月以来、実に一年二ヶ月ぶりに、午後四時頃上洛し、本能寺に入ったその翌々日の六月二日の払暁に起きた〟。

〝信長御上洛為御迎、至山科罷出、数刻相待、自午刻（十二時頃）雨降、

申刻御上洛、御迎各無用之由、先へ御乱（森成利《なりとし》、蘭丸《らんまる》）案内候間、急罷帰了〟（「兼見卿記」天正十年五月廿九日条）

信長最後の上洛時の様子は山科言経《やましなときつね》の「言経卿記」、観修寺晴豊の「日々《にちにち》記《き》」にも記されているが「兼見卿記」は比較的信長の動きと情景がよくわかる。

「本能寺の変」 国史画帖 大和櫻 （著者蔵）

（二）是非《ぜひ》に及ばず

天正一〇年（一五八二）の五月二九日夕刻に、本能寺に入るその直前まで、信長は気忙で多忙な日々を送り、特に西国の戦局に過敏になっており、秀吉から通報を受けてからかなり焦燥に駆られていたようである。

この時の様子を日を逐ってみると。

先ず、五月四日、正三位権中納言勧修寺晴豊《かんしゅうじはれとよ》が付きそった三職《さんしき》を推任する勅使の一行が安土に到着。この推任は朝廷をあげてのものであったが、信長は気がすすまなく、一行に対面したのは何と、二日後の六日である（第一〇章（一）F参照）。

推任を断ったと推定されるその翌日の七日、信長は「四国国分《くにわけ》令」を下し三男信孝に四国征討を命じた。一四日、嫡男信忠が信濃より凱旋する。

翌日の一五日、今度は駿河国拝領のお礼言上のためと称し、家康一行が安土に到着するや、信長は〝心をこめたおもてなしをせよ〟と接待役を惟任日向守明智光秀に命じる。光秀は一五日から一七日までの三日間、〝京都・堺にて珍物を調《ととの》へ、生便敷《おびただしき》結構にて〟（「信長公記」）、〝馳走もてのほかなり〟（「兼見卿記」五月一五日条）とあるように大変すばらしい接待をしていることがうかがえる。が、その最中、増援軍派遣の急報がとびこんできた。

それは中国方面軍の筑前守羽柴秀吉からであった。天正八年の三木城、同九年の鳥取城攻略に続き、この五月七日、清水宗治が守る高松城（岡山市。旧吉備郡高松）を囲み一二日間程の土木工事により、足守川《あしもり》を注ぎ、城を浮き島にするが、毛利輝元自ら吉川・小早川の軍を率い高松城救援に出陣してきたという急報であった。一七日信長は直ちに接待中の光秀と摂津衆（補㉖）に出陣を命じた。

二一日、信忠を警固に付け家康一行を京・堺方面へ送り出した信長は、中国・四国の両面を視察するための自らの出陣を六月四日と決め、本能寺での茶会に持ち込む名物茶器三八種について、おそらくこまごまと準備をさせていたことであろう。

　これが運命の分かれ目であった。それは家康一行の警固の為、信忠を付けたことであった。家康を懸命に供応していた光秀をそのまま家康の警固に付け、対毛利増援軍総大将として信忠を派遣していたならば、歴史は激変したと考えるからである。**しかし、ここでの問題は、この時点で信長のリスク意識の大半が京、本能寺の茶会に奪われていたのではないかということである。**

　一方光秀は、近江の坂本城（大津市）で一〇日程滞在し、出陣の準備をととのえると二六日丹波の居城亀山城（亀岡市）に入り、二七日に愛宕参詣、二八日西之坊で連歌をすますと、二八日の内に亀山城へ戻った。

　そして、信孝率いる四国方面軍が堺の北の住吉に着陣した二九日、信長は〝申刻（午後四時頃）御上洛、御迎各無用之由〟（「兼見卿記」五月二九日条）と公家たちの迎えを断り、雨降る中、夕刻、本能寺に着く。一年二ヶ月ぶりの上洛に同行したのは、小姓衆二、三〇人だけであった（「信長公記」）。尚、「当代記」には〝小姓衆百五六十騎被召具〟とある。

この時、家康一行の警固のため堺まで同行しようとしていた信長の嫡男三位中将信忠は、信長が上洛してくることを知り、急遽堺行きを止め、京で出迎えることに変更した。

信忠はこの時点で万事休すとなったと言ってよい。信忠の宿は本能寺から直ぐ近くの四、五〇〇メートル北に上った室町御池の薬師町の日蓮宗の本山妙覚寺だからである。

運命は信長とその跡継ぎまで、一挙に葬ろうとしていた。

その生涯において、最大の失敗が信長の人生の最後にやってきた。それは跡継ぎの嫡男信忠と同地域・同時刻を共にしていたことである。戦国期、跡を継ぐものと、常に所在地と日時を離す即ちリスクを分散するというリスク管理の基本を信長は疎かにしたのである。

山科言経《ときつね》の「言経卿記」に〝卯刻《うのこく》、前右府（信長）本能寺へ明智日向守、依謀叛押寄了〟とあるように、天正一〇年六月二日午前六時頃、光秀の急襲を受けた信長は本能寺にて自害。享年四九。

本能寺の変を知り、妙覚寺から東へ隣接する二条御所に移った信忠は、二条御所の誠仁《さねひと》親皇が〝辰刻（午前一〇時頃）に上御所（内裏）へ御渡御了〟（「言経卿記」六月二日条）するのを見届けると、最後の一戦に臨み、満身創痍となるも戦いつづけ遺骸を隠すよう命じ自害。享年二六。凡そ四時間余りで、名代の英雄とその跡取りがこの世から去った。

ここに一つ、不思議なことがある。六月二日の払暁、桂川を渡り、京の七条から洛中に突入し、西洞院・室町などの木戸を通過した明智軍は、午前六時までには本能寺内に攻め込んだ。「兼見卿記・別記本」には〝即時信長自害〟とあり、「言経卿記」にも〝則（即）時に前右府打死〟とあるように、猛炎が寺を被い包み、信長が身の始末を遂げるまで、然程かからなかったと考えられる。恐らく三、四〇分位ではなかろうか。

一方、変の後、信長の命で寺外に退出できた侍女から聞き取り記したという太田牛一の「信長公記」には〝是は謀叛か。如何なる者の企ぞと御諚の処に森乱（蘭丸）申す様に明智が者と見え申候と言上候へば是非に及ばず〟と言い放つと信長は、弦が切れるほど弓をとり、槍で戦い、その後、肘に槍傷を受けると侍女たちに脱出を命じ燃えひろがる殿中奥深く入り、納戸の戸口に鍵をかけ、自害したとある。

又、光秀の家臣の書上《かきあげ》「寛永十七年本城惣右衛門自筆覚書」には、惣右衛門たちが先頭を切って本能寺に入った時、本能寺は静まり返り、無人に近い様子で、殿舎の広間に至り、一人の女房を捕えたところ、〝上様は白い着物を召しています〟と告げられたという。これは、信長が未だ夜着姿であったということになる。

そして、一五八二年の日本年報追加の「イエズス会日本年報」は、光秀が必死に捜したであろう信長の遺骸は、〝諸人がその声でなく、その名を聞いたのみで戦慄した人が毛髪も残さず塵と灰に帰した〟と記している。

これらの史料が全て真実だとすれば、信長は〝光秀の謀叛を知った瞬間、即刻火を放ち、自らの始末の段取りを了えると、退路を確保した上で本堂の奥の宮殿辺りから信長の寝所である奥書院めざしてなだれこんでくる兵と弓・槍で極めて僅かの間戦い、颯と巧妙に区画された秘密の部屋に入り炎とともに消えた〟としか考えられない。

これは常日頃から〝まさか〟が突然やってきても、死に臨み自身を始末する準備をしていただけでなく、極めて大急ぎで事を成したことになる。

がこのような神憑った始末を信長一人でできたものであろうか。そして、その始末とは何度も信長に離叛し、最後は名物平蜘蛛の釜とともに火薬で木っ端微塵になった松永久秀のようなものであったのか。それとも、信長と昵懇の間柄とされる阿弥陀寺（上京芝薬師《しばやくし》西。現、上京区鶴山）の住職清玉《せいぎょく》が変を知り駆け付け本能寺へ潜入したところ信長の遺骸を火葬している信長の家臣に出くわし、遺骨を隠し持ち帰った（「信長公阿弥陀寺由緒の記録」）と伝えられるが、果してそのようなことが可能であったか。

いずれにせよ、数々の〝嗟哉〟を乗り切り〝日本でそれまで五百年間における最大の支配権を獲得するに至った〟（ヴァリニャーノ「日本巡察記」）信長であったが、最後は〝是非に及ばず〟として果てたのである。

振り返ってみると信長は武力丈ではなく戦略・戦術にもすぐれ政略結婚と遠交近攻などの策や天皇と将軍の権威を利用するなど、巧妙な外交を展開しつつ、すばやい判断力と沈着にして、果敢な行動により、領土を拡大。本能寺の変の直前には石高に換算すると凡そ八〇〇万石以上の国力を有し、一万石の兵力の動員数を二五〇人程度と考えると、総動員力は二〇万人となり、北条の一三〇万石、上杉の五〇万石と比しても、他国を圧倒していた。

本能寺の変なかりせば、信長は五十代初めには全国を統一することができたであろう。

一体、対決する国や人についての情報力とリスク管理に優れていた信長であったが、京都における気の弛みは如何んともしがたかったのであろうか。

しかし、最後の〝嗟哉〟をのりこえられなかった信長であったが〝まさか〟に対する準備と身の始末については見事という他はない。この世に、決して躯《むくろ》を遺さなかったからである。

この事実により、おそらく光秀は衝撃を受け喪神したことであろう。

このことについて「当代記」も〝終に御死骸見へ不給、惟任（光秀）も不審存〟とがっかりしている様子が記されている。

これが信長の最後の戦でありそして、この極めて短い信長の戦いのため必死に刻を稼ごうとする人達がいたことをお厩《うまや》で二四人、奥書院の御殿での蘭丸はじめ森三兄弟、など小姓衆の二七人、お台所他で数人の躯は語っていたのである。

補㉖

本能寺の変直前の光秀の軍団と摂津衆

近畿管領軍（天正八年完成）旗頭、明智光秀。組下として、

丹後衆─細川藤孝。丹羽衆。

大和衆─筒井順慶《つついじゅんけい》。

進撃軍旗頭、池田恒興。組下として、摂津衆─高山重友、中川清秀。

尚、他の軍団として、北陸・中国・四国・関東の方面軍がある。

第一〇章の情景

①四条坊門西洞院《しじょうぼうもんにしのとういん》（現中京区油小路蛸薬師通）の本能寺にある〝此附近本能寺址の碑〟。

第一〇章の情景①

最終章　信長は病をかかえていた

（一）御膿気《ぼうけ》心云々

光秀は、近畿一円の諸大名を統括する近畿方面管領軍の旗頭、いわば信長の近衛師団長である。従って本能寺の変は、信長の方面軍が各地に展開している中起こった近衛師団の叛乱であった。

何故光秀が信長を弑逆《しいぎゃく》したか、又、真犯人は誰かについては第二編にゆずり、ここでは述べない。問題は一万三千の兵を率いた光秀に急襲されたとき、信長の身辺を守っていたのは、何故、森蘭丸などの側近と、わずかな手勢だけだったのかである。

この時の信長の手勢は、戦死者名から小姓・中間衆併せて六四名（池田家本「信長記」）程度と考えられ、又、最多数を伝える「川角太閤記」でも馬廻一六七人という。

考えてみると、信長が目的を持って少人数で疾風の如く移動するのは多々ある。が、全くの少人数で且つ近辺に一門衆、親衛隊の駐留もないといった状況の中、無防備に近く、且つ一つ所に二日以上滞在するとは、戦国期、如何にリスク意識不足であったかということである。

即ち、下克上と謀叛に幾度となく直面してきた信長が、何故、これ程までに無防備状態の中に身を置いてしまったのかである。これについては、第一〇章で〝天正一〇年はその心が弛緩した年〟だとして、その原因を様々な角度で検証してきた。しかし、人並みはずれた情勢分析力・決断力・危機管理力をもつ信長に対し、それらの検証だけでは十分に説明がつかない。

では、全く別の理由、例えば病を得ていたのではないかといった視点で検証してみる。

「信長公記」によると、本能寺の変の直前の天正一〇年（一五八二）五月二〇日、信長は家康一行の道中の辛労をなぐさめるため、摠見寺の能舞台で幸若《こうわか》八郎九郎太夫《だゆう》に舞を舞わせている。よくできたと信長は上機嫌であったが、次に丹波猿楽《さるがく》の梅若《うめわか》太夫に能を演じさせたところ、不出来で見苦しいと大変立腹し、梅若太夫を折檻《せっかん》したという（「信長公記」）。

精一杯もてなそうとしていた努力が踏み躙られたと思ったのであろうか、或いは、自他共に完璧を求める信長にとって当然な行為なのであろうか。それにしても、家康一行・信長の近習・公家の近衛前久《さきひさ》らが見守る前で、何故、感情を押えることができなかったのであろうか。

恐らく、中国の毛利、四国の長宗我部の両氏との決戦を目前にして、信長は気忙しく、かなり焦燥に駆られ、精神的に不安定な状況にあったことも影響したのであろう。

信長は、過去の成功体験にとらわれることもなく新奇なものへの探求心、時代の先を見る洞察力・決断力に優れているも、独断専行型にして短気・癇癪もちで、自分の信念に反する行いをする人には、即刻怒りを暴発させる易怒性《いどせい》があった。又、短い睡眠の上、朝早く目覚め、絶えず何かをしていないと気が済まないせっかちな性質でもあった。こうした性質は、晩年の信長に一層顕著にみられるようになる。

このような性質を現代医学と照応してみるとどうであろうか。

〝たとえ光秀が本能寺で謀反をおこさなくとも、遠からず信長は高血圧性脳出血を発症する可能性は十分あった‥‥‥信長が本能寺で光秀の軍勢に急襲されたとき、‥‥‥無防備状態にあったこと自体、すでに高血圧の影響で脳の最小動脈に微小出血をいくつかおこして脳のはたらきが鈍っていたのではなかろうか‥‥‥日々激務をこなして循環器系への負担が大きく、高血圧がこうじた信長が、ある日、激昂して脳血管が破れ、重篤な脳出血をおこして半身不随になる可能性は大きかった〝（「戦国武将の死生観」医師・篠田達明著）とされる。

一方、当時の史料には信長が病を得たといった記事は殆ど見当たらない。傍目では、信長は壮健で不死身にみえていたのであろう。

が、一つ気に懸る史料がある。「兼見卿記」天正六年（一五七八年）三月二五日条（補㉗）に、〝（二日前上洛した）右府（右大臣・右近衛大将信長）無諸家対面、御朦気心云々〟（朦気の病になった）とある。

脳に何か異常があったのか、或いは、熱中しやすく、それも徹底的で責任感が強く、疲れていても休むことがない執着気味の性格からくる気分障害にでもなったのか、とにかく〝ぼんやりしてはっきりしない〟状態になったという。

そもそも信長は、二年四ヶ月程前の天正三年（一五七五）一一月に従《じゅ》三位《さんみ》・権大納言・右近衛大将を叙任された時、右大将だった源頼朝、大納言だった足利尊氏、従四位下の左中将の足利義昭にたどりつき、〝これで政治的地位も一区切りついた。これから先、自分が成し遂げようとすることに最早官位は必要ない〝と考え続けていたのか。膿気の病になった直後の四月九日、信長は右大将と半年前に任官したばかりの右大臣の両官を辞任する。この突然の出来事に、朝廷・公家衆は衝撃を受け、信長の真意を計りかねたに違いない。直前の膿気の病と何か関係があるのであろうか。

これについて、「兼見卿記」四月九日条には、

〝右府官位御辞退云々〟について諸公卿が飛鳥井邸で談合し、信長辞官の奏達状をみいる。そこには大凡〝征伐が未だ終っていないのに恩沢を受けることはできない。万国安寧、四海平定後、改めて登用の勅命に応じることとし、今は武家の棟梁として忠節を尽くしたい。だから、嫡男・信忠に顕職を譲与していただきたい〟といった主旨のことが書かれていたという。以降信長は、推任されるも左大臣をはじめ、三職さえも望もうとはしなかったことは既に触れた通りである。

これについて、諸見解があるものの、信長にとって今まで繰り返し官

位を推任されること自体がストレスになり、心の奥底に病に対して何かしらの漠然とした怯えを感じ始めていたことも一因ではないかとも考える。

信長の叙官・辞官についても、又、信長が病んだことも、何故か「信長公記」には記されず、吉田兼見の日記で知るのみであるが、その時の信長の心の奥底にわけいると大凡次のようではなかったかと思う。

〝兼ねて人生は五〇年と考えておる。五〇でこの世を去るということではない。それまでに天下一統の目途をつけるということである。あと二年か。否、二年もある。

しかし今、忍び寄る病を感じる。父が四二の時、一九の自分は家督を継いだ。同じく自分が四二の時、一九の信忠に家督を譲った。その信忠は立派に成長しているが、自分に代って果して天主となれるか。今必要なことは、信忠が極力高い官位に叙されることである。武将として、又実力からして、自分の跡を牛耳ることができるのは、三年若い秀吉なのであろう。果して秀吉は信忠を守り立ててくれるのか。覚束無い限りである。その為にも、信忠が一刻も早く、より一層高い位官に叙されるよう考えねばなるまい。だからこそ、官位の関心が信忠に集中するよう仕向けねばなるまい。そのため自分は無官でよい。無官の帝王になればよい。〟

信忠は、五年前の天正五年（一五七七）一〇月一五日、従三位左中将となり、位階は既に足利将軍を上回っていた。

一刻も早く、四国・中国を制圧した後、信忠が総大将となって九州方面を制圧した段階で〝先ず自分が三職の推任を受けるか否かは扠置き、いずれにしても信忠が三職のいずれかに推任されるような環境に整えておかねばならぬ〟、恐らく信長はそう考えていたのであろう。が、故に、本能寺の直前まで四国・中国の情勢分析に全力を尽くし、その先の九州制圧のことを考えつつ、ここが勝負の時ぞと決意して自身が出陣する準備に入っていたと考える。

しかし、そのために大きく飛躍する出発点が本能寺となり、安土城と

ならび京都は自分の支配下にあって安全にして安心できる場所であるという信長自身の心の弛緩、即ちリスク意識の低下。これに朦気という病が信長の情報・判断力を一瞬狂わせ同時に終着点も本能寺となってしまったのである。

信長は完璧性であるが、その魂は敏感にして少年のように挑戦的で、且つプラス思考を有する権力型の稀有な武将である。それは曾祖父良信《すけのぶ》・祖父信貞《のぶさだ》・父信秀から受け継いだ遺伝子を踏み台にして弛《たゆ》みない努力で勝ち得たものである。だからこそ五代目の信忠に期待するところ大であったであろう。

本能寺から脱出して信忠のもとへ奔った黒人弥助に恐らく信長は、〝金ヶ崎の退き口〟の時のように〝兎に角逃げろと信忠に伝えよ〟と命じたのであろうか。

これが事実としたら、それはこの世における信長の最後の軍命令であった。

（二）夢幻の如く

信長は尾張の一大名にすぎなかった頃から、幸若舞（補㉘）の「平家物語」巻九の「一ノ谷の戦い」における敦盛《あつもり》の最期を描く「敦盛」の中段後半の次の一節を、よく謡い舞ったという。ここまでみてきた数々の〝嗟哉〟を振り返ってみると、信長の〝死生観〟はこの「敦盛」にこめられているように考えられる。

〝思へば此の世は、常の住処《すみか》にあらず
草葉《くさば》に置く白露、水に宿る月より猶《なお》あやし
金谷《きんこく》に花を詠じ、栄華は先立って
無常の風に誘はるる
南楼《なんろう》の月を弄ぶ輩《もてあそぶともがら》も、月に先立って
有為の雲に隠れり

人間五〇年、化天《げてん》の中《うち》を比《くら》ぶれば
夢幻の如くなり
一度生《ひとたびしょう》を受け滅せぬ者のあるべきか
これを菩提の種と思ひ定めざらんは
口惜しかりき次第ぞ〟
生涯、信長は事を起す時は必ずといっていい程、払暁《ふつぎょう》であった。
〝人間の一生はたかだか五〇年。であれば、一日一日、一刻一刻を大事に、躊躇することは何もなく、何も懼れることもなく、死に向かって一直線に突き進むだけ〟
そのように考えていた信長であれば、度々〝嗟哉〟に襲われたのは当然なことであったろうし、それこそが信長の真骨頂でもある。
晩年、じわじわ忍び寄る病に信長は恐らく気付いていたのであろうか。
天下一統事業を進める中で、信長は経済産業の向上の他に、相撲の興行・名物狩りや茶の湯と瀬戸物の保護・小唄や踊り・鵜飼と鵜匠の保護・大橋宗桂との出会いと将棋の普及・宣教師がもたらす海外の様々な情報・時計、望遠鏡、虫眼鏡、地球儀など数々の道具や金平糖の甘味など、これらに対する好奇心をとことん満足の行くまで追求していたように思われる。張り詰めた気を紛らし、朦気を振り払おうとしていたのかもしれない。信長の一生は、結果として、

〝天下一統への道を切り拓き、栄耀栄華の中、信長は公家約四〇名が参候した最後となる茶会を終焉の地となる本能寺で催し（補㉙）、あらゆる好奇心を満たすと、或いはいずれ襲い掛かるであろう脳出血で仆れる前、人間五〇年泡沫夢幻《ほうまつむげん》の如く散っていった〟ということになる。

補㉗
兼見卿記は、元亀元年（一五七〇）より文禄元年（一五九二）の日記。原本は戦災で焼失。天正一〇年春夏の記には正月一日より六月一二日

で終る「別本」がある。著者の吉田兼見（初名兼和）（天文四年一五三五～慶長一五年一六一〇。享年七六。）は、吉田神社（京都市左京区吉田神楽岡《かぐらがおか》町）の神祇大副《しんぎおおすけ》を兼ねる神主。正四位右衛門督。

吉田神社（貞観《じょうかん》年間八五九～八七七年、氏神として春日社が勧請される）は、奈良京の春日社、長岡京の大原野社と並び、春日三社と呼ばれ室町中期、卜部《うらべ》（吉田）兼倶《かねとも》が社務となって同社の禊《みそぎ》所に斎場所大元宮を建立、全国の神を祀り、以来神職界の中心として吉田神道を確立し吉田氏が代々世襲。

　信長の没後、秀吉は吉田神道を庇護し、兼見は秀吉を祀る豊国神社創設に重要な役割を果たし、兼見の弟梵舜《ぼんしゅん》は豊国神社の別当（寺務の統轄者）になり、秀吉没後も家康の庇護を受け隆盛。

補㉘

幸若舞は、中世芸能の一つで、舞いながら節を付けて語っていく曲舞《くせまい》の一派。南北朝期活躍し、没落した武将の末裔、桃井幸若丸（直詮《なおあき》）が叡山で学問修行中、稚児として草紙物《そうしもの》に節をつけて歌ったのに始まる。

戦国期、特に越前丹生《にゅう》郡西田中村（福井県丹生郡越前町朝日）に住した越前幸若家は有名で、信長・秀吉から俸禄を与えられる。更に、江戸時代、幸若家は徳川の幕臣となり、江戸に出仕。領地を与えられる。

補㉙

○信長最後の茶会

天正一〇年（一五八二）六月朔日、上洛した翌日、信長の上洛を祝い、正親町《おおぎまち》天皇の勅使として権大納言勧修寺晴豊と皇太子誠仁《さねひと》親王の使として、権大納言甘露寺経元《かんろじつねもと》が本能寺を訪れ、総勢四〇名にのぼる公家衆をはじめ、門跡《もんぜき》や町衆など多数の人々が上洛を賀するため参集。信長は進物は全て受け取らず返し、まるで御所が一時的に移ったかのように公家衆が全員揃う中、茶が振る舞われ、信長は秘蔵の多数の名物茶器を披露した。

この様子は「言経卿記」六月一日条に〝参会衆者、近衛殿（前久）・同御方御所（信基）・九条殿（兼孝）－－飛鳥井雅教《まさのり》－－、其外僧中・地下少々有之－－－－－－数刻御雑談、茶子・茶有之、大慶－－－－－－〟とある。

公家衆を大別すると、五摂家から八名、大納言では八名、参議・中納言は八名、他に菊亭晴季他一九名である。町衆として商人の神屋宗湛・島井宗室が参席している。当然、この公家衆の中に、「言経卿記」の著者山科言経も入っている。

尚、本格的な茶会は翌、二日に予定されていたようである。

○山科言経

山科言継の次男。権中納言。天文一二年（一五四三）～慶長一六年（一六一一）。享年六九。

「言経卿記」は天正四年（一五七六）から慶長六年（一六〇一）の日記。本能寺の変後の「言経卿記」七月一一日条に、〝阿弥陀寺へ参了、今度打死衆前右府（信長）御墓巳下拝之〟とあり、本能寺の変から一ヶ月余り後、言経は、天徳院殿（信長）・景徳院殿（信忠）・更に信長父子とともに戦死した家臣の墓のある阿弥陀寺に参詣している。

しかし、このことが、阿弥陀寺清玉が本能寺の変の際にとった行動を裏付けるものにはならない。

それは変の当日、明智勢が本能寺の周囲を厳重に包囲し、信長（の遺体）を必死に捜索する中で本能寺で火葬するとか、又清玉が振る舞いができるような状況と余裕があったと考えることは困難なことと思われるからである。やはり現時点では信長の自害とその後の真相は闇の中である。

○本能寺（日蓮宗八品《はっぽん》派大本山）の変遷
本能寺の変で信長が自刃した本能寺は現在の本能寺から西へ一キロ、南へ〇・三キロ行ったところ。次の第四次の変遷にあたる。

第一次。油小路の五条坊門と高辻の間、本応寺と号す。応永二二年（一四一五）以降。

第二次。内野（昔の大内裏の跡地。大宮通りより西。洛中の西に接す。南北朝内乱の初め焼失。

第三次。六角大宮の周囲四町の寺域。東西は大宮から櫛笥《くしげ》、南北は四条坊門から六角。永享五年（一四三三）に移転し、本能寺に改める。

天文五（一五三六）〝法華の乱〟で焼失。

第四次。天文一四年（一五四五）、四条坊門西洞院に方、四町（約四四〇M）の寺域を賜わり子院三〇余坊を構える大殿堂を復興。天正十年

（一五八二）本能寺の変で焼失。中京区元本能寺。

第五次。再建途中、豊臣秀吉の区画整理にあい、天正一七（一五八九）現在に移転。中京区寺町通御池下ル下本能寺。

○本能寺と信長

信長は永禄十一年（一五六六）から天正十年（一五八二）の一五年の間に上洛時宿所としたのは好覚寺と相国寺を併せて二五回に比し本能寺を宿所としたのは僅か四回しかない。

天正八年（一五八〇）二月二六日、所司代村井貞勝（剃髪して春長軒と称す）に対し本能寺を新たな京都の宿所に改造する普請を命じた（「信長公記」）。

これより一〇年前の元亀元年（一五七〇）の十二月、信長は三ヵ条からなる禁制を本能寺に与えている。その第一条に

〝為定宿之間、余人寄宿停止之事、……〟（「本能寺文書」）とあるよう

に信長の定宿故余人の寄宿を禁止されている。

天正一〇年の本能寺は二年前の普請で、四方に堀をめぐらし、内側には土居《どい》を築いて木戸を設け御殿、厩、台所は造営され小城郭位の規模の居館であった。しかし結局、信長はこの普請後の本能寺を宿所としたのは天正九年二月二〇日と今回の二回丈であった。

おそらく信長はいかに防備を強化しても籠城には限界があると考え、〝まさか〟の時、即座に身を始末できる一画を密かに寝所近くに設けていたのではないか。そう思わざるをえない信長の最後であった。

第二編

明智光秀——本能寺の変のはたして首謀者なのか

「本能寺の変」　絵本太閤記　三編巻九（著者蔵）

序章　本能寺の変

蘇我入鹿（「大化の改新」）・坂本龍馬（「近江屋事件」）織田信長（「本能寺の変」）に対する日本三大暗殺事件の中で本能寺の変は戦国期丈でなく、日本史上における希有な政変と言われている。そして、光秀は何故立身出世の夢を実現させてくれた恩義のある主君の信長に対し、謀反を起こしたかについて、古今、諸説が唱えられてきた。

光秀単独による怨恨・野望・窮鼠などの諸説や光秀と黒幕との共謀とする説などである。確かに、旭日昇天の如く進撃し、天下統一を、目前にした信長に対し、圧迫された人物は少なくなく、誰もが本能寺の変を起こす理由があったと言える。敵対している毛利・長曽我部・足利義昭などの、武将は勿論のこと、本願寺・朝廷・公家なども信長の政策・軍事に協力を求められ圧迫を受けていたからである。首謀者は果して光秀だろうか。

では、真の首謀者は誰か。それを探る為、本能寺の変の二年前から光秀の様子を史料上から順をおって検証してみたい。

第一章　変の二年前から史料で辿る謀反の足取り

（一）第一段階

㋑天正八年（一五八〇）

○　天正八年の直前。前年の六月、持久戦で八上《やがみ》城（丹波篠山市八上町）を開城させ天正四年以降、信長に叛いてきた波多野秀治ら三兄弟を捕縛。安土へ送り磔刑されると七月、宇津《うづ》城（京都府右京区京北下宇津町）に続き、一色氏の弓木《ゆみき》城（京都府与謝郡与謝野弓木町）を陥し、八月九日に黒井城（丹波市春日町黒井）を攻略。その戦いの様子を信長に逐一報告したところ、光秀は〝長期間粉骨砕身の活躍は他に比べようもない抜群のもの〃（「信長公記」）と激賞される。

続いて一〇月一二日、丹波・丹後を概ね平定した光秀は陣中に吉田兼見の見舞を受け（「兼見卿記」）、その後、小敵を従えた光秀は同月二四日、安土に凱旋、ついに信長に丹波・丹後の平定を報告することができた。四年に及ぶ苦しい戦いであった。

○　天正八年に入り、丹波を与えられた光秀は丹後を与えられた長岡（細川）藤孝とその与力で丹後三郡を領する旧丹後守護一色満信を指揮下に置いた。

　六月には光秀の執奏（取次）により土佐長宗我部元親から信長に鷹一六羽、砂糖三千斤が献上された（「信長公記」）。


　この直後起った次の事件は信長の家臣たちに衝撃を与えた。

同年の閏《うるう》三月五日、朝廷の斡旋により、信長は本願寺と和議を結び大坂本願寺を開城させ四月九日、顕如（光佐）は、大坂を退出し、抵抗していた子の教如（光寿）も八月二日退去した。しかし、その直後本願寺は火災を起こし、三日間燃え続け灰燼に帰した。

三日、大坂に下り本願寺の焼け跡を見た信長は突如、四年間、本願寺攻めの総大将を務めた佐久間信盛、信栄《のぶひで》父子に八月二五日付の一九ヵ条の折檻状を突きつけ高野山へ追放。更に同じく宿老の林秀貞・安藤守就父子・丹羽氏勝も遠国へ追放したのである（第一〇章（一）Gのその二を参照）。尚、折檻状の第二条に〝丹波国日向守働き、天下之面目をほどこし候〟と光秀のすばらしい働きに比べ佐久間父子の怠慢を責めている（「信長公記」）。

この事件を知った時、わずかに一二歳の嫡男をかかえ、六五歳という高齢（第八章（一）の注記㊄参照）の光秀の脳裡を将来に対する何か暗くて重い雲翳が一瞬なりとも掠めたことであろう。

しかし、その一方で古参の宿老が去ったことにより、佐久間信盛配下だった大和郡山《やまとこおりやま》城の筒井順慶は光秀の与力となり、伊丹城の池田恒興《つねおき》・

茨木《いばらき》城の中川清秀・高槻《たかつき》城の高山右近（重友《しげとも》）らの摂津衆も旗下となり、その結果、広域に及ぶ軍事指揮権を手にした光秀は「近畿管領軍」「畿内方面軍」の司令官と呼ぶにふさわしく「中国方面軍」の羽柴秀吉・「北陸方面軍」の柴田勝家に拮抗すると共に、四国政策を担当する外交官として、織田家臣随一の地位をつかんだのである。

信長に任えてから一三年目の天正八年は光秀にとって、生涯、最も輝かしく誇らしい年であり、一時、あの暗い気分も払拭されたのではないか。そして、当然、京都所司代の村井貞勝と並び光秀も禁裏・公家衆との接触は頻繁になっていった。

ロ天正九年（一五八一）

○　正月の八日、光秀は一五日の爆竹《さぎちょう》（左義長）（第一〇章（一）C参照）の準備を命じられる。爆竹は大成功。諸道具を準備した光秀は信長から〝先度者、爆竹諸道具こしらえ、殊にきらひやかに相調、思ひよらすの音信、細々の心懸神妙候〟と褒められる。

○　同月二三日、信長は光秀に仰せて「御馬揃《おうまぞろえ》」を計画し〝六十余州へ相聞ゆべく候の条、馬数多くしたて〟との旨を朱印状をもって分国に触れた。朱印状にはその目的として〝馬を乗り遊ぶべく候、自然若やぎ思々の仕立可有候間〟とある（惟任光秀宛朱印状写「増訂織田信長文書の研究九一一」）。

○　二月二八日、大イベント大御馬揃《おおおうまぞろえ》は大成功をおさめ、近畿管領として差配を任せられていた光秀は信長から高く評価されたと考える。

この時、摂津衆・若狭衆を従えた丹羽長秀、河内衆・和泉衆・根来寺《ねごろでら》の大ケ塚《おおがづか》・佐野衆を従えた蜂屋頼隆《はちやよりたか》に続き光秀は三番目に大和衆・上山《かみやま》城《しろ》衆を従え登場している。

この後、光秀は新領国の丹波に入る。

○　四月一二日、朝、丹後宮津（宮津市）で細川与一郎忠興の振る舞いを受ける。細川藤孝をはじめ里村紹巴・宗及・宗二らが同席していた。やがて、十時頃、天の橋立の対岸九世戸へ飾り舟でわたり、雪舟筆「天橋立図」に描かれている切戸の文殊《もんじゅ》といわれる文殊信仰の聖地で臨済宗妙心寺派の知恩寺（宮津市文殊）で、又、振る舞を受け連歌に興じ（「宗及他会記」）光秀はこの世を謳歌している。

○ 同月一七日、光秀は宇津城に井戸を掘るため河原者の派遣を兼見に頼んでいる（「兼見卿記」）。

○六月二日、一八ヵ条から成る「明智・家中軍法」を定める（「御霊《ごりょう》神社文書」新修亀岡市史資料編二、八四号）。この「定条々」の末尾に次のような注目すべき言葉が書かれている。

“被召出瓦礫沈淪之輩、剰莫大・御人数被預下上者”（瓦礫《がれき》の如く沈淪《ちんりん》していたのを信長に召出され莫大な兵を預けられた）それゆえ武功を無駄にしたくないので粉骨砕身に忠節を勤めるようこの軍紀を定めたと記し、信長を畏敬している光秀の姿が浮ぶ。

八月二一日、〝惟任ノ妹ノ御ツマキ（妻木）死了、信長一段ノキヨシ（気好し）也、向州（光秀）無比類力落也〟（「多門院日記」八月二一日条）とあるように、光秀の正室、妻木氏の妹が死去したが、この女性を信長は格別のお気に入りでここでも光秀と信長の良好な関係がうかがえる。

（二）第二段階

㋑天正一〇年（一五八二）その一

○一月、賀詞〝御幸之間おか（拝）見候……惟任日向守殿・宮内法印、一番也〟（「宗及他会記」）正月朔日条）。光秀は松井友閑（第一篇第六章（二））と天皇の行幸のため作事された御幸之御間の見学を一番に許されている。これは信長から光秀の地位の高さが認められていたことを示していた。

○同月七日、朝、〝惟任日向守殿御会宗二・宗及、床ニ上様之御自筆之御書カケテ〟（「宗及他会記」）とあるように安土城の年賀の後、上方へ帰る途中の山上宗二《やまのうえそうじ》と宗及を坂本城に招いて茶会を催した際、床の間に光秀は信長自筆の書を掛け信長への最大の敬意を示していた。

○　同月二〇日、〝惟任日向守へ礼の為、坂本へ下向、於小天主で面会、有茶湯・夕食之儀、種々雑談、一段機嫌也〟（「兼見卿記」廿日条）。吉田兼和（兼見）の訪を受けた光秀は御機嫌であった。

○　同、二五日、朝〝惟任日向守殿、はかた宗叱、宗及……風炉平釜従上様御拝領〟（「宗及他会記」）。

宗叱は楢柴《ならしば》の茶入など数々の名物を秘蔵し、茶人として、上方にも茶の湯の手練《てだれ》として名声も定着していた。これにより神谷宗湛《そうたん》とならぶ博多の豪商島井宗叱《そうしつ》（宗室）が光秀の茶の湯の客人であることが分かる。そして、宗叱は本能寺の変の当日、信長の求めに応じ本能寺に泊っていたとされる。

いずれにしても、この朝の茶会には、光秀は床に方盆《ほうぼん》に肩衝《かたつき》茶入をのせ風炉《ふろ》には信長から拝領した平釜がすえられており、ここでも光秀の信長に対する畏敬の念はかわっていない。

○　同月二八日、朝、〝於坂本惟任御茶湯、宗訥《そうとつ》・宗二・宗及〟と光秀の茶会は続く。

㋺天正一〇年（一五八二）その二

〝阿州（阿波、徳島県）面《おもて》に在陣もっともに候、弥《いよいよ》忠節を抽《ぬき》んでらるべき事肝要に候、次に字《あざ》の儀、信《のぶ》を遣《つかわ》し候、即ち信親然《のぶちかしか》るべく候、なお惟任《これとお》（光秀）申すべく候也〟（天正三年一〇月二六日付の信長から弥三郎宛ての書状「織田信長文書の研究五七三」）。

〝四国の儀は元親手柄次第に切取《きりと》り候へとの御朱印《しゅいん》頂戴したり〟（「元親記」補㉚）。

この二つの史料は七年前の天正三年（一五七五）七月、四国土佐を統一した長宗我部元親《ちょうそかべもとちか》に信長は四国平定のお墨付き―松永久秀に大和一国を切りとり次代と安堵したと同じ信長の手法（第一編第六章（二））か―を与え、敵男の弥三郎に「信」の偏諱を与え信親と名のらせるなど、以来、信長と元親の関係は良好であり、光秀の重臣斎藤利三の兄の義妹が元親の正室であることから光秀は対長宗我部氏の奏者《そうしゃ》（外交官）として信長と元親との取次を行ってきた。

こうした信長の狙いはどこにあったかについて、桐野作人氏は「織田信長」で次のように記している。

敵対する大坂本願寺や阿波・讃岐《さぬき》（香川県）の阿波三好家・三好三人衆の背後に位置する長宗我部氏と結ぶ遠交近攻策にあった。そして注目すべきはこの同盟を仲介したのが明智光秀だったことである。……

しかし、三年前の天正八年閏三月五日、大坂本願寺が降伏すると、黙認していた阿波のみならず讃岐・伊予（愛媛県）まで勢力を拡大してきた元親に対して、信長は前年の天正九年六月一二付の朱印状をもって〝讃岐・伊予両国の支配を放棄すれば改めて土佐一国と阿波の南半国を与える〟と通告した。これは四国政策の大転換である。

しかし、これに対し、元親は

〝四国の御儀は某《それがし》が手柄を以て切取り申す事に候。更に信長卿の御恩たるべき儀にあらず〃（「元親記」）と当然、激怒し、光秀は頭をかかえ、利三は憤慨し信長を怨んだことであろう。

光秀の立場は単に取次を失う丈ではなく根深いものがあったからである。利三の兄は石谷《いしがい》家へ養子に入り、石谷頼辰《よりとき》と言う。頼辰の義妹は元親の正室。頼辰の娘は元親の嫡男信親の正室。利三の妹婿は利三の母方（蜷川家＝元幕府政所代）の実家の当主親長《ちかなが》で元親の側近として仕えている。このように長宗我部・石谷・蜷川・斎藤の四家は親密な絆で結ばれ、この内、利三はこの四家と光秀を結びつける節点にあたっていた。

このままだと、四国の外交官としての役割が終わり、織田家中の地位が低下することが避けられなくなった光秀は信長の命に従うよう元親の説得にあたたる。しかし、

○　天正一〇年一月、〃重ねて明智家からも齋藤内蔵介（利三）の兄、石谷兵部少輔を使者として信長の意向を伝えてきたが、これをも突っぱねてしまった〃（「元親記」泉淳現代語訳）。

ここに、信長と元親は決裂し、信長は火急に四国征伐の手配に入ることになる。そして、

○同、二月九日、信長は武田攻めにあたり、十一ヵ条からなる軍指令「条々」を書き出す（「信長公記」）。

この中に次のような指令がある。

一つ、三好山城守（康長）四国へ可出陣之事。一つ、藤吉郎（秀吉）、一円中国へ宛置事。一つ、維任日向守可出陣用意事（武田攻め）。

正式な長宗我部氏征伐の発令である。信長は阿波に残っている三好一族に今なお影響力をもち元親と争っている三好康長（注記⑥）を重用し、四国における領地を確保してやるためだった。

○同、三月四日、〝今日明智人数しなの（信濃）へちりちりとこ（越）し候也。今度大事の陣の由申す、人数各いかにもしほしほしたるていにてせうし（笑止）なるよし京はら（童）への言也〟（勧修寺晴豊の日記「日々記」三月四日条）としまりなくしょんぼりと

して士気がない明智光秀の軍勢だったと言う。

四国政策の転換により苦悩していた大将光秀の様子がそのまま軍勢に乗り移っていたかのようである。

ところが、何故か「兼見卿記」別本三月五日条によれば信長が出陣した三月五日未明だったが、この日、兼見宅を訪れた親族の儒医吉田盛方《じょうほう》院浄勝《いんじょうかつ》が光秀を大将、筒井順慶と細川忠興を副将とする明智勢を見学して次のように兼見に報告している。

〝日向守殊更《ことさら》多人数、奇麗《きれい》之由語之〟と兼見の友人である光秀を持ち上げようと述べているのではないかと思われる。

（注記㈥）

三好康長に触れておきたい。

山城守。入道号は笑巌《しょうがん》。信長の上洛以前、天下人となった三好長慶《みよしながよし》の叔父。

永禄三年（一五六〇）、長慶・義覧（実休）兄弟の和解の仲介役を務めるなど三好一族の重鎮であった。長慶の死後、松永久秀と戦う三好三人衆（第一編第六章（二）補⑩）を阿波岩倉城（美馬市）を拠点にして支え、上洛した信長に対しては足利義昭の追放、三好義継の滅亡、久秀が信長降伏した後も一貫して敵対してきた。

しかし、天正三年（一五七五）四月八日、ついに信長に降伏し、名物、三日月の葉茶壺を進上。康長の力量と利用価値を考えた信長は本願寺の和睦など、重要な役割を命じ、河内の半国に続き摂津・和泉内の地を宛行う。その後、四国方面を担当。

本能寺の変後は秀吉に接近。天正一三年には秀吉に降伏した長宗我部元親を歓待している（「元親記」）康長の姿が見られる。

補㉚

「元親記」(長宗我部元親記)と長宗部氏

元親の家臣高島孫右衛門重漸《しげつぐ》が寛永八年(一六三一)元親三十三回忌にあたって、元親を偲んで著わした元親一代記。

長宗我部氏は長岡郡の宗部郷(高知県南国市岡豊《おこう》)の出で宗我部氏と称し、のち、香美郡の香《こう》宗我部と長岡郡の長宗我部に分かれ、岡豊の長宗我部国親《くにちか》の子の元親は永禄一二年(一五六九)強敵安芸氏を攻略、ついで西に転じ一条氏の領地をあわせ天正三年(一五七五)、土佐を統一する。

天正三年(一五八五)秀吉に敗れるが土佐一国を安堵された。嫡男信親は豊後戸次《へつぎ》川の戦で戦死。盛親《もりちか》が継ぐが、関ヶ原の戦いで西軍に属し没落する。

（三）第三段階

㋑天正一〇年（一五八二）その三

○　天正一〇年五月一五日徳川家康が駿河・遠江国拝領のお礼のため安土に到着。

その接待役を命じられた光秀は一七日までの三日間、〝奈良の興福寺などに調度品の貸し出しを依頼し、安土城に運び〟（「多聞院日記」）、〝京都・堺にて諺物を調《ととの》え、生便敷《おびただしき》結構にて〟（「信長公記」）、〝此間用意馳走以外也（思いのほかすばらしかった）〟（「兼見卿記」）と、大変すばらしいもてなしをしている。

このもてなしの支度中安土城内で次のような事件がおきる。

〝これらの催し事の準備について、信長はある密室において明智と語っていたが、……彼の好みに合わぬ要件で、明智が言葉を返すと、信長は立ち上がり、怒をこめ、一度か二度、明智を足蹴にしたということである。だが、それは密かになされたことであり、二人だけの間の出来事だった……〟（フロイス「日本史」五六章）。

問題は信長の好みに合わぬ要件とは何かである。

この点について桐野作人氏は著書「織田信長」（第12章）において次のように述べている。要約すると

それは対長宗我部問題か、宿老斎藤利三の処分問題であり、後者についてはこの天正一〇年、稲葉家を致仕《ちし》して光秀に仕えた那波直治《なわなおはる》の件について美濃三人衆の一人、稲葉一鉄《いなばいってつ》が、光秀は先に斎藤利三（補㉛）を招いたばかりか今度は直治まで招いたとして、怒って、信長に直治の返還を訴えた。これに対し信長は光秀に直治を一鉄に返還させるとともに利三の自害を命じる。この時、信長側近の猪子高就《いのこたかなり》のとりなしがあり、利三は助命されて元の通り光秀に仕えることになる。しかし、信長は法に

背いたとして、怒って光秀を呼びつけ、譴責《けんせき》して、頭を二、三度叩いた。この時、髪が薄いため付けていた付髪が撃ち落とされ、光秀は信長の仕打ちを深く恨み、謀反の原因となった（「稲葉家譜」四）と指摘され〝フロイスの足蹴〟と〝稲葉家譜の頭叩き〟とは異なっているが、共に信長による光秀に対する折檻があったことは確認できるとされている。

更に、密室の出来事をフロイスが何故、知ることができたかについて、熱心なイエズス会支持者にして、光秀の政敵である信孝の筋からの情報であったとされ、続いて一鉄に返還された直治と自害を命じられた利三の軽量に触れ、利三が直治を誘い、光秀に仕えさせた行為は織田家臣団統制という法に抵触したとして、信長は利三に厳罰を下そうとしたとしている。

又、江戸期の二次的編纂史料は殆ど信用できないが「稲葉家譜」はそれらと同列に扱ってはならない。記述を裏づけるために同家伝来の書状などの文書を書写してあり、実証的な態度を貫いているからであるとされており、そして桐野氏は〝私は斎藤利三こそ、本能寺の変の端緒をつくると同時に明智家中での反信長派（親長宗我部派）の代表として政変に主導的な役割を果たしたと考えている。〟と結論づけておられる。

㋺天正一〇年（一五八二）その四

○五月一七日頃か、備中の羽柴秀吉から毛利軍の主力が出陣してきたという急報に信長は家康を接待中だった近畿方面軍の司令官、光秀と池田恒興《つねおき》を司令官とする摂津の遊撃軍（第一〇章（二）補㉖）に対し秀吉を応援するよう急拠、出陣を命じた。

これは光秀にとって、天正八年一〇月二四日、両丹国の平定を信長に報告して以来、実質一年半ぶりの出撃命令である。勿論武田討伐時、出陣はしたが信忠が武田氏を威ぼした後を信長に従って、ただ信濃・甲斐をまわった丈だったからである。

戦国期、武将たちは戦《いくさ》の渦中にある間は勝ち抜き生き残ることをひたすら考え戦略・戦術に集中せざるをえなく必然的に緊迫感はたかまり諸々の雑念はおさえられることになる。

織田における光秀のライバルたちは現代の表現であらわすと新規にマーケットを開拓すべく最前線で戦っていた。

対毛利・中国平定戦中の秀吉、対上杉・北陸平定戦中の柴田勝家、「関東八州御警固」及び「東国の儀御取次」（後世、関東管領と呼ばれる）として、上野《こうずけ》の厩橋《うまや》（前橋市）を拠点として、対北条・伊達・芦名《あしな》懐柔戦と対上杉戦中の滝川一益《かずます》などである。これら緊張した情勢下に置かれた武将たちはおそらく情報入手力の強い秀吉以外は雑念をもつ間もなく戦《いくさ》に専念していたことであろう。

このような状況下、光秀は長期にわたり、少くとも戦場下のような厳しい状況下にはなく、茶会、公家との雑談などの時が増し、色々雑念が身に纏わり付き、増幅していたのではないかと思われる。その光秀の雑念の多くは公家たちによる信長への怨嗟を耳にして生じたものであろう。

このような心理状態にあった光秀に対し信長は光秀に非があったとして折檻するまでに至った。悔怨《かいえん》と信長からの恩義のはざまで葛藤する光秀。その光秀を謀反させようと光秀に強く訴え続ける斎藤利三。

これが本能寺の変の謀反に至るまでの構図ではないかと考えている。
○五月一七日、光秀は出陣準備のため琵琶湖南湖西岸の坂本城（大津市下阪本）に帰城。言うまでもなく坂本城は去る元亀二年（一五七一）九月三日の〝僧衆は大旨坂本に下りて乱行不法限りなし、修学廃怠の故かくの如し、一門相果るつ式也〟と元亀元年三月比叡山を訪れた興福寺の多門院英俊が嘆いていた（「多門院日記」）比叡山の焼討の際、宇佐山城（大津市錦織）の城主で焼き討ちの先兵となって手柄ありとして志賀郡とともに与えられた言わば光秀出世城であり、ルイス・フロイスをして、安土城につぎ、有名なものは天下にないと言わせた天主付の城で、これを許されたものは信長の重臣の中で光秀しかいなかった。妻子の居る坂本で光秀は十日程滞在している。

○　五月二六日、坂本を発しもう一つの居城丹波亀山城（亀岡市）に移る。

「信長公記」によると二七日には愛宕《あたご》山（京都市右京区。標高二四M）に登り威徳《いとく》院西坊《にしのぼう》に参籠《さんろう》した。尚、光秀は先の丹羽・丹後攻略の際も威徳院に戦勝祈願し、天正八年八月祈願成就の御礼に多紀郡宮田村（篠山市）の内から二百石の地を奉納している。

　そして、翌二八日、愛宕権現の本地仏で諸国の武士に崇拝されていた勝軍地蔵に参詣し、二度三度おみくじを引き更に出陣前連歌（出陣連歌）を奉納するため西坊で百韻《ひゃくいん》連歌（後、愛宕百韻とよばれる）を興行。主賓は発句をつとめる光秀、宗匠は友人にして当代一の連歌師、里村紹巴。他に西坊威徳院住持の行祐法印《ぎょうゆうほういん》、光秀の嫡男光慶《みつよし》など七人の連衆が加わっていた。

〝ときは今　あめ（天）が下《した》しる五月哉《さつきかな》〟と光秀が発句すると

〝水上《みなかみ》まさる庭のまつ山〟と西坊は脇句を付け
〝花落つる流れの末をせきとめて〟と紹巴は第三を付け
〝国々は猶のどかなるころ〟と光慶は百句目の挙句《あげく》を付けた。

尚、池田家本「信長公記」では下なる。「当代記」では〝時も今天下知る〟とある。

○　六月一日、〝光秀逆心を企て、明智左馬助《さまのすけ》秀満《ひでみつ》（光秀の娘婿。光秀第一の重臣。丹波福知山城主）・明智次右衛門《じえもん》（光秀の老臣）・藤田伝五《でんご》・斎藤内蔵佐《くらのすけ》利三・三沢秀次（三沢昌兵衛）、これらとして談合をあい究《きわ》め、信長無人にて御上洛候間、討ち果し、天下の主となるべき調儀《ちょうぎ》を究め〟（「信長公記」巻一五）出陣したと言う。

これが信長が少人数で本能寺に入り、信長丈でなく後継者信忠とも同時に葬ることができると考えた光秀の結論であった。

同日、未明、亀山を発した明智軍は丹羽と山城の国境の老《おい》の坂で矛先を中国路の三草越《みくさごえ》ではなく洛中に向けた。

補㉛

○稲葉一鉄　良通《よしみち》。入道号一鉄

美濃曽根《そね》（大垣市曽根町）・清水《きよみず》（揖斐《いび》郡揖斐川町）の城主。土岐・斎藤氏に仕え、氏家卜全《うじいえぼくぜん》・安藤守就とともに美濃三人衆と呼ばれる。永禄一〇年（一五六七）、主家の斎藤龍興を見限り長男貞通《さだみち》ともども信長に内通し稲葉山城（後、岐阜城）陥落に貢献し、その後、一向一揆、姉川の戦い、長篠の戦いなどに従軍。本能寺の変の後、秀吉により四万八六貫文余を安堵される（「稲葉家譜」）。歌道・茶道・医道等多方面の教養が特記される。室は右大臣三条西公条《きみえ》の娘。

天正一六年（一五八八）没。享年七四。

尚、一鉄の庶子、重通《しげみち》の養子正成は春日局の夫で子孫は江戸期を通じ譜代名並に扱われる。

○斎藤利三　内蔵助

伊豆守利賢の子。母は蜷川《になが》家の娘とも、光秀の祖母とも妹とも言う。美濃斎藤氏に仕え、稲葉良通に属す。元亀元年以降、間もなく良通のもとを離れ光秀に仕える。本能寺の変の後、六条河原で磔に架けられる。享年四九、四五など不明。

徳川三代将軍家光の乳母春日局の父。

第二章　謀反の兆し

（一）結論として、本能寺の変の五ヶ月程前の一月二五日—第二段階（一）㋑—までは兆しはないが三ヶ月程前の三月四日—第二段階（一）㋺—以降から、兆しがあらわれ始め、二週間程前の五月一五日すぎ頃—第三段階（三）㋑—以降、兆しは急上昇したと推考する。

（二）しかし、本能寺の変のわずか三日前の次の二点の史料についてどう理解するかである。

○　五月二八日、即ち愛宕百韻の当日、秀吉の麾下として毛利方と対峙している山陰伯耆《ほうき》（鳥取県）の国人、羽衣石《うえし》城（鳥取県東伯郡湯梨浜《ゆりはま》町羽衣石）の福屋隆兼《ふくやたかかね》宛の光秀の書状「福屋金吾旧日記文書」（「阿波国古

文書三」）の中に

〝……此度之義ハ、先至彼面可相勤之旨上意ニ候、着陣之上、様子具合、令変化、伯州へ可発向候、……〟（今度の出陣の儀は、先ず備中表の秀吉を応援してから機を見て伯耆へ向うつもりだと述べている）とあり、この件につき桐野作人氏は著書「だれが信長を殺したのか」で、この史料を紹介し、〝光秀はこの時点でもまだ謀叛の決断をしておらず、中国に出陣するつもりだったと考えられる。〟と記しておられる。

○　五月二八日、愛宕百韻から亀山に帰城した光秀について秀吉と同時代の光秀の旧臣で前田利長家来山崎長門守、関白秀次御馬廻林亀之助の両人から、聞書きした川角《かわすみ》三郎右衛門の著述による元和年間（一六一五～一六二三）成立の「川角太閤記」の中に

〝（光秀は）中国へ出陣いたす。明日より人足などをお出しなされと言って五月二九日に玉薬《たまぐすり》（弾薬）、その他（軍用物資の）長持ちなど小荷駄を

合計百ばかり出された。これは、三日前のことである。〃とある。

この編纂物によるこの記述は一次史料では確認できず信憑性は低いが殆どの二次史料が信長と光秀の怨恨を印象付けるための創作が多い中、決行直前の光秀の姿をあらわしているようにも思える。

この史料から光秀の謀反の兆しをどう考えるか。

単なる光秀のカムフラージュか。配下に機密が漏洩することを防ぐためか。この時点に至っても謀反を実行する決心がつかなく逡巡していたのか。或いは謀反が成功するか否か、最後まで信長の動向を見定めようとしていたあらわれなのか。などが読みとれる。

筆者は光秀は既に謀反の意志を固め決行の日時を模索していた。その上で謀反後のことも考え、その効果を最大限たかめるため、信長丈でなく信忠は言うまでもなく家康まで一気に葬れないかなどとこの三人の行動を決行の寸前まで注視していたと考えている。その一方で、信長が突然、四国への出陣を早めるなど事態が想定外となった場合、何事もなかったように謀反を中断し、山陰道へ出勢をするつもりではなかったか、そう推考する。

ここで、信長が上洛した五月二九日、入れ替わるように京都から堺へ下った（本願寺顕如の右筆、宇野主水《うのもんど》の「宇野主水日記」「宗及他会記」）家康について触れておきたい。

家康は在京中、おそらく信長がすすめたであろう南蛮寺ではなく茶屋四郎次郎清延《きよのぶ》の邸（補㉜）を宿舎としていた。茶屋邸は本能寺とわずか百メートルあるかないかの距離にあった。家康がそのまま京都見物を続けていて上洛した信長に供応された御礼の挨拶をし、本能寺に泊まるか、或いはそのまま、茶屋邸を宿舎としていたならば。そう考えると家康は危機一髪で難を逃れたことになる。

六月一日、家康は堺で朝は今井宗久、昼は天王寺屋宗及、晩は松井友閑と茶会ずくめの後、友閑邸に泊まる。ところが、翌二日の朝〝徳川殿上洛、火急ニ上洛之儀は、上様安土より廿九日ニ御京上ノ由アリテ、それにつき、ふたと上洛由候也〃（「宇野主水日記」六月二日条）とあるように二九日に信長が上洛してくることを遅れて知った家康は挨拶すべく堺を火急にたち上洛しようとしたのである。その後、先発した本多平八郎忠勝《ただかつ》は途中で茶屋四郎次郎が荷鞍馬《にぐらうま》に乗ってくるのに出会い本能寺の変を知り引き返し家康へ報告したと言う。ここでも家康は最悪の難から逃がれたことになる。

家康が単に運がよかった丈か、卓越した情報力を駆使していたからか。

筆者は、家康は特に他国に赴いている際は、家臣ともども最悪のリスクを念頭におき、うかれることなく情報に気を配り、緊迫感をもって行動するというリスク意識を強くしていたからであろうと考えている。

補㉜

四郎次郎と邸宅

京都市中京区不動町の南側、東の隣町の百足屋町《むかで》にかけての広大な邸。尚、この邸から東へ五、六〇メートルほど四条坊門を行くとルイスフロイスが信長の許しをうけ天正四年（一五七六）の秋、高山右近ら信者の援助（奉仕）があって完成した「南蛮寺」（中京区姥柳町《うばやなぎ》）が聳えていた。一階が礼拝堂、三階を住居とした三階建の教会である。本能寺の東の端から直線で二百メートル足らずの場所である。（「本能寺と信長」藤井学著）。

法華宗の大檀那《おおだんな》でもある初代の清延（一五四五〜九六）は徳川氏と古い関係にあった三河武士で牢人中に京都の豪商茶屋―将軍足利義輝が遠出のとき、この屋敷で休んだので屋号茶屋がうまれた―に入婿になった。後、家康に仕えて呉服師として京都御用に当たり、茶の湯は利休に学んで数奇の人である。三代清次の弟の新四郎と小四郎は各々徳川尾張家・紀州家の呉服師をつとめ、妹は水戸家の呉服師に嫁している。

第三章　首謀者は誰か

（一）本能寺の変の協力者たち

謀反実行者である光秀に対し、謀反を唆《そそのか》したり、その行為を黙認したり、或いは情報を提供するなどの行為をした本能寺の変の協力者として、様々な武将、（注記㈦）、朝廷、公家などの他、天正七年（一五七五）五月二七日の安土宗論により他宗の攻撃放棄・莫大な借金の支払を命ぜられ信長に屈服した法華宗徒などが浮ぶものの、決定的な一次史料が存在しないため、全て推測の域を出ない。

しかし、天正八年八月、本願寺を平定し、天下統一へ大きく前進する中で、次の諸問題によって朝廷が圧迫を感じ始めたことにより、信長に反抗する勢力即ち変の協力者が芽生えていたことは否定できない。

○　暦の制定にかかわる問題

天正一〇年正月、天皇の大権の一つである暦の制定に信長は暦の変更を要求した。即ち、天文道担当の陰陽頭土御門久脩《おんみょうのかみつちみかどひさなが》が来年に閏正月を入れるとしていた京暦（宣明暦《せんみょうれき》）にかわって信長は地方暦である濃尾の暦（三島暦）通り天正一〇年に閏一二月を設定するよう主張し、六月一日、本能寺を訪れた公家衆を前に閏月の件を再び蒸し返し〝閏ある可きの由申され候。いわれざる事也。これ信長無理なる事に也、各申す事也〟と権中納言勧修寺晴豊《かんしゅうじはれとよ》は嘆いて「日々記」に記している。信長は中国から伝来した京暦の日食や月食の記載の正確性に疑問を抱いていたようである。

しかし、信長の要望が理に適っていたとしてもいわば七百年に亘って京暦によって暦を支配してきた即ち時を支配し権威を有してきた朝廷は圧迫を受けたことであろう。

○　この暦の問題に更に改元と天皇の譲位にかかわる問題（注記㈧）が加わることにより、朝廷に一番身近かな五摂家筆頭前関白にして太政大臣従一位の近衛前久《さきひさ》は密かに信長排除の念をいだいていたと推察する。

○　天正一〇年五月、朝廷から打診された三職推任の要請に辞退もしくは留保した信長の姿勢（第一篇第一〇章（一）F）―恐らく信長は三職のどれも全国平定に然したる必要性はない位に考えていた丈なのであろう―に対して朝廷は権威が失墜されたと感じたのか前久は反発し家令（公卿の業務をとりまとめる公家）である吉田神社の神官、吉田兼見や武家伝奏《てんそう》の勧修寺晴豊などをして、信長に対する不満を光秀に訴え或いは謀反を唆していたと考えられないであろうか。

(二) 本能寺の変後の協力者の様子

光秀に謀反を教唆したと考えられる人物たちの変の直後の様子をみる。

近衛前久

織田信忠が籠もった二条御所を包囲した明智軍は御所の北隣の〝近衛殿の御殿の屋根にあがり御所の構内を見下ろし弓・鉄砲を撃ち込み……〟(「信長公記」)戦後、変の協力者として疑いをかけられ〝近衛相国、三七殿(信孝)より御成敗有るべき旨、洛中風説が立ち〟(「兼見卿記」六月廿日条)前久は落飾して龍山と号し、更に出奔して嵯峨に隠れていたようであるが、結局、遠江浜松の徳川家康の保護を受けたと言う。

尚、前久は顕如の子教如を猶子にしており、大の本願寺びいきで本願寺の開城をきっかけにして反信長にかたむいていったのであろうか。

吉田兼見（第一編、最終章（二）補㉗）

本能寺の変後、兼見は光秀と四回も会っていることが「兼見卿記」から分かる。
○六月二日、〝悉打果、未刻（午後二時頃）大津通下向、予（兼見）、粟田口辺令乗馬罷出、惟日（光秀）対面、在所之儀万端頼入之由申畢〟と修正前の「兼見卿記」別本に記されているように、安土に向かうため大津に下向する光秀を兼見が途中で出迎えて何事か頼みごとをしている。
○六月五日、〝日向守入城安土云々〟
○六月七日、〝日向守面会、御使之旨申渡〟と安土に着いた勅使兼見は光秀に勅旨を伝え、下賜物の緞子一巻を贈るとあるが、光秀が滅亡する前に書かれていた修正前の「兼見卿記」別本には次のような重要な事が記されている。
〝今度謀叛之存分雑談也〟とある。
○六月九日、〝（光秀）未刻上洛〟し、天皇・親王に各々銀子五百枚、五

山の寺と大徳寺に各々百枚、兼見も五十枚の寄進を受け、その晩、兼見邸の座敷で〝相伴紹巴・昌叱・心前也、食以後至下鳥羽出陣、〟即ち、愛宕百韻連歌メンバーを招き光秀を響応している。光秀にとって友人たちとの永久の訣別であった。

しかし、別本には〝早々日向守折紙到来云〟と光秀の自筆の礼状が届いていた事。〝被成奉書之間、直下鳥羽之陣所へ罷向、銀子之御礼、奉書ヲ向卅（光秀）へ見之、忝之旨相心得可申入也〟と親王から光秀宛の奉書が発給されていた事。などが記されており、兼見や朝廷が謀反と一切かかわりがないよう修正されていることが判明する。

○六月一三日、〝於山崎表及合戦、日向守令敗軍……落人至此表不来一人、堅指門敷戸〟光秀敗北の報に兼見は世上では〝天罰眼前〟であると記し落武者が兼見を頼って来るのを案じ屋敷の門を閉ざしている。

○六月一四日、〝津田越前入道（織田信孝の臣）来云〟と光秀の銀子寄進につき尋問のため、兼見邸を訪れる。が、親王や秀吉の家臣に働きかけ事なきを得る。
○六月一六日、〝向州（光秀）頸・筒体（胴体）、於本應寺曝之云々〟と五日前まで親しくしていた光秀を他人事のように冷静に記している。

勧修寺晴豊

○六月二日、〝未だ予いね候て、これ有るところに袖岡《そでおか》越中来たり、明知、本のう寺法花寺也。信長いられ候所へ明智取懸り、やき打ちに申す也由申候〟そして、直ちに二条御所に行き誠仁親王に供奏し内裏に赴く。その後、山崎の戦いで光秀が敗れ、信長が自刃した跡に梟首《きょうしゅ》されると〝首共を信長はてられ跡にならべ候〟と淡々と事実のみ「日々記天正十年夏記」に記している。

天王寺屋宗及（第一編第九章（一）補⑰）

○六月二日〝上様御しやうかひ（生害）也、惟任日向守、於本能寺御腹ヲキラセ申候家康モ二日ニ従堺被帰候。我等も可令出京と存、路次迄上

リ申候〃

○六月一四日〃本能寺上様御座所ニ、惣之首共都合三千斗《ばかり》かけられ候〃

○六月一六日〃我等も上洛いたし候、首共見候也〃

など物見遊山の如くである。

里村紹巴

○六月二日、信忠、村井貞勝・作右衛門尉貞成・清次《せいじ》父子、服部小藤太、猪子兵助（高就《たかなり》）など多くの将兵が討死した二条御所において

〃二条御殿双方乱入之最中、親王御方（誠仁親王）・若宮（和仁《かずひと》王）御両三人・女中各被出御殿、上之御所へ御成、中々不及御乗物躰也〃（「兼見卿記」六月二日条）と記されているように信忠は明智軍に包囲された二条御所の門前に親王らの安否を気遣う晴豊など多くの公家衆が駆けつける中、御所内の親王をはじめ、若宮・一宮・五宮・ひめ宮・御あ茶々局・其外女房衆・公家衆らを内裏へ避難させた。その際親王らは徒歩にて脱

出したと言う。ところが、修正前の「兼見卿記」別本では〝最中親王御方・宮・館女中被出御殿、上ノ御所へ御成〟のすぐ後に〝新在家之辺ヨリ、(里村) 紹巴荷輿ヲ参セ、御乗輿云々〟と記されていたのである。

紹巴の邸は本能寺と信忠の宿泊所となった室町通御池《おいけ》の薬師町にあった日蓮宗の本山妙覚寺と茶屋の屋敷の三点を結んだ三角点のすぐ傍らに位置しており（「本能寺と信長」藤井学）、信長・信忠・家康の動向を逸早く把握できたためであろうか。それにしても、事件を予め知っていたかの如き輿の用意であった。

○六月九日、吉田兼見邸で愛宕山のメンバーをまじえ、光秀と夕食を共にしていることは兼見の項で記した通りである。

（注記㊆）

羽柴秀吉と本能寺の変について触れておきたい

(1)　羽柴秀吉・徳川家康・毛利輝元・足利義昭などが本能寺の変の協力者としてとりあげられることがあるが、信頼のおける典拠もなく、フィクションの域を出ない。しかし、これらの武将の中で、光秀を圧迫したと考えられ、その結果最大の利益を得た秀吉の様子について

○　天正五年一〇月二三日、中国征伐指揮官を命じられ因幡《いなば》・伯耆《ほうき》・備中へ遠征する。

○　天正八年八月、佐久間らの追放による織田軍団の再編がなされ但馬《たじま》・播磨《はりま》が与えられると、拠点となる姫路城を築城。以後、中国方面の軍団長として、光秀と肩をならべる。

○　天正九年一〇月二五日、因幡に侵入して鳥取城を五ヵ月、包囲、攻略。城将吉川経家《つねいえ》の切腹に代え城兵は助ける。尚、包囲中、鳥取城の後《うしろ》巻《まき》として毛利軍が出陣するとの報に、信長に命じられた光秀は細川藤孝

ともに兵糧船を包囲軍へ発進している。

○同、一一月七日、既に黒田孝高《よしたか》・生駒親正《いこまちかまさ》・仙石秀久《せんごくひでひさ》らにより九月から始まっていた淡路・阿波への侵攻作戦に対し、一一月八日、一旦、姫路に帰っていた秀吉は信長の命で池田元助（池田恒興の長男）とともに淡路へ渡り、岩屋城を攻略する。

○同、一二月、安土に上り、歳暮の祝儀として小袖二百着を進上。その他、女房衆へは各々へ歳暮の品々を差し上げ、配り物の数量は古今に例なく皆驚嘆したと「信長公記」は記している。

秀吉は信長に鳥取城攻略等を復命。信長から〝堅固な鳥取城といい、大敵と立ち向かったことといい、平定したことは武勇のほまれ〟との功を賞され、感状にそえ、茶道具十二種を下賜され二二日、姫路に戻る。

秀吉は古往今来、誰もやったことがないことをやろうとする信長の事例を参考に手柄とセットにして実行したのであろう。それも恐らく光秀に暗影が忍び寄っていることを承知の上で。秀吉は安土の女房衆も情報源として活用しようとしていたのであろうか。

○　天正一〇年二月からの武田攻めは従軍せず中国方面に専念するよう命じられ、

○　同、三月一五日、姫路を出陣。

○　同、五月七日、高松城（岡山市）の周囲に堤を築き包囲するも毛利輝元自ら吉川・小早川の軍を率いての出陣に対し、信長に救援を求める。同、一七日、信長は即刻、光秀らに中国出陣を命じる。

(2)　四国政策の変更が秀吉と光秀の立場を大きく変えたことについて

○　天正九年六月一二日付の信長から元親への朱印状がその始まりである。（第二篇第一章（二）㋺）。

信長は元親が支配に置く阿波・讃岐を三好康長に与えようとし、鳥取から帰陣した秀吉に淡路を統一させ、阿波・讃岐攻略の拠点とした。

○　天正一〇年一月頃、光秀は信長の命に従うよう、元親を説得するため元親の義兄、岩谷頼辰を元親に派遣するが決裂。

(3)　問題は何故、信長が長宗我部氏との約束を破棄し、三好氏の旧領回復を願う三好康長に阿波・讃岐二ヶ国を任せようと政策転換したかである。

おそらく、この背景には黒田官兵衛孝高と練りに練った秀吉の強かな策略―ライバル光秀をあわよくば窮鼠猫を噛むが如く追い詰め信長を襲わせるよう仕向ける策―があったのであろうか。尚、本能寺の変により三好康長の阿波支配は泡と消える。

(4)　「惟任退治記《これとおたいじき》」からみえる秀吉の企みについて

天正一〇年一〇月、「信長公記」の太田牛一同様、秀吉に召抱えられていた御伽衆の大村由己《ゆうこ》が秀吉に命じられ書いた見開き一〇頁程の本能寺の変の報告書である。

秀吉によるこの政策本には〝光秀の単独犯行でその動機は個人的怨みによるもので、天下取りの野望を抱いていた〟と記されていることを考えると、そのように決め付けないと、秀吉に累が及ぶと考えたとも言えるし、そうであればその記された反対が真相なのであろうか。「惟任退治記」の次の三点の記事に対して「本能寺の変四二七日の真実」（明智憲三郎著）は次のように記している。

◎「五月廿八日、登愛宕山、催一坐之連歌　光秀発句云、
ときは今あめかしたしる五月かな
今思惟《しい》之、則誠謀反之先兆也」（「惟任退治記」史籍集覧第十三冊目録別記類第一、以下同じ）

に対しては

土岐氏は今、この降り注ぐ五月雨に叩かれているような苦境にいる五月である。（六月にはこの苦境から脱したい）と神仏に祈願したのです。

----愛宕百韻に参加した里村紹巴は秀吉に呼び出され詰問された。このとき紹巴はあめが下なると詠んだものを後で誰かがあめが下しるに書き変えたのだと主張して嫌疑を晴らしたとされています。……秀吉が光秀の天下取りの野望を演出するために「惟任退治記」の中で大村由己に命じてあめが下しると書き変えさせたのは明らかです。

◎「将軍（信長）、頃春花耶《はるのはなか》、秋月乎《あきのつきかと》、翫給《もてあそび》紅紫《こうし》粉黛《ふんたい》、悉此白指（刺）殺、御殿二手自懸火、被召御腹皐矣《おはらをめされおはんぬ》」（「惟任退治記」）

　に対しては

信長を崇《あが》め奉《たてまつ》るような記載が一切ない。……書の冒頭の安土城での信長の栄華についての記述の中では、信長は夜な夜な美女と楽しみに耽《ふけ》っていたと書かれています。最後の本能寺の夜も、信長は同様の振舞いで……女性たちをことごとく刺し殺したとまで書かれています。……秀吉は明らかに一つの意図のもとに、信長が淫乱で残忍な人間であったと印象づけたかったのです。

◎「斎藤内蔵介利三、惟任被討不知之、堅田辺頼知音《かただにしりあいをたよって》蟄居之処《ちっきょしていた》、方便搦捕来《だましてからめとられた》……利三平生所嗜、武芸外、（仁智礼義信の）五常に富み翫花月、学詩歌、今何為逢此難《なんでこんなめにあわねばならぬか》、遺恨、尤深、或人述曰、異国之公治長、…」（「惟任退治記」）

に対しては

利三の人物を惜しむ記述にかなりの字数を割いており……無実の罪で縄を懸けられた中国の公冶長《こうやちょう》や曽我兄弟の例を引いて捕縛されたことが恥でないとも書いています。斎藤利三をことさら高く評価した狙いは、天下取りのために、長宗我部氏を味方につけようとするためだったのです。

（注記㈧）

改元と天皇の譲位の問題について触れておきたい。

「改元」

元亀四年（一五七三）七月一八日、槇島城（宇治市）を攻略し足利義昭を追放すると、〟のふなか（信長）よりかいけん（改元）事にはかに申〟（「御湯殿上日記《おゆどのうえ》」）とあるように信長から俄にいわゆる代始改元《だいしかいげん》の申し出があり、朝廷はこれを認め紀伝道《きでんどう》の家職者にいくつかの新年号を提案させた。

信長はこの中から天正を希望し、改元の大権をもつ朝廷は七月二八日、「天正」と改元名を決定した。信長にとって忌まわしい不吉な元亀にかわり、「天」下にふさわしい元号となった。信長は改元に伴う多大な費用を負担したのであろう。

尚、「御湯殿上」とは内裏《だいり》の清涼殿の北の一門《ひとま》のことで呑み湯など湯を沸かしておくところで、これを担当する女官のいる所である。湯を浴びる湯殿と区別するため御湯とよび「御湯殿上日記」は室町中期から江戸末期まで歴代の担当女官が書き継いだ日記である。

「天皇譲位」

㊀　天正元年一二月八日、正親町天皇の譲位をとりはかろうとして、信長は朝廷に申し入れる（「孝親《たかちか》日記」天正元年一二月八日条　補㉝）。

歴代天皇は朝家再興のため譲位、即位式が円滑に行なわれることが望みであるが当然、その執行には莫大な資金が要る。しかるに室町幕府の衰退により、御奈良天皇までの三代の天皇は即位式が執行できなかった。信長は将軍義昭を追放し、改元されたこの機会をとらえ申し入れたのであろう。

院政期以来の上皇になり政務の実権を握ることができると考えたのであろう。この信長の申し出に快諾した正親町天皇の勅書が勅使の中山孝親、勧修寺晴豊から林秀貞の取次で信長に届けられた。しかしこの件は信長が政局激動に忙殺されたのであろうか何らかの事情で棚上げされた。

天正九年三月一日、同、九日の二度に亘り朝廷は勅使を派遣し信長に左大臣推任《すいにん》を行う。これは丁度、二月二八日と三月五日の二度の洛中馬揃に喜んだ朝廷の時期とかさなる。が、信長は同、九日、誠仁《さねひと》親王への譲位の後、拝命する旨を奏請した（「御湯殿上日記」三月九日条）。
これに対し、朝廷は誠仁親王の居る二条御所は内裏からみて〝当年金神《こんじん》御延引之由其の沙汰云々〟（「兼見卿記」四月一日条）即ち、陰陽道上、今年は禁忌の金神の方角で譲位はよくないと信長に伝えている。

四年前の天正六年四月九日、右大臣・右近衛大将の両官を辞任して以来、朝廷としては何としても信長に現職につかせたかったのであろう。天正一〇年四月二五日、朝廷は信長に三職《さんしき》（太政大臣か関白か征夷大将軍か）のいずれかの官職就任を要請した（第一編第一〇章（一）F）。

そして、が信長がこれを断ったか或いは保留したかは明らかではない。結論はこのまま本能寺へ持ち込まれる予定であったのか。

㈡　ここで正親町天皇、誠仁親王、二条御所と信長について触れる。

天正六年（一五七八）信長の京都邸として完成した二条御新造を翌年天正七年一一月二二日、昵懇の間柄の皇太子誠仁親王に提供している。

この時、正親町天皇は既に六三才。親王も二八才になり親王と妃の勧修寺晴子の間には五人の男子と二、三人の女子があった。

信長は正親町天皇の唯一の男子である誠仁親王には元服費用を出し親王の四男である五之宮《ごのみや》を猶子《ゆうし》としていた。猶子とは養子とは異なり、父子関係を名目上結び義父から生活援助を猶子に贈るもの。

正親町から誠仁へ、そして五之宮の図式を信長は考えていたのであろうか。本能寺の変の後、天正一四年（一五八六）、結局、第一〇七代は誠仁親王の第一子が後陽成天皇となる。

補㉝
孝親《たかちか》公記

公家中山孝親（准大臣、従一位。永正九年一五一二〜天正六年七八。）の日記で天文四・五・七年、永禄五年、元亀元・三年、天正元・三年〜五年のわずかの期間の記事が写本として残されているにすぎないが記事は詳細である。

（三）首謀者

結論。斎藤利三こそが本能寺の変を惹き起こした首謀者である。

利三から信長を謀殺すべきとの激しく執拗な訴えに苦悩していた光秀は四国政策の転換によって織田軍団における地位の低下が避けられない状況に加え、おそらく年齢からもくるのであろう将来に対する暗い展望の中、信長から受けた折檻による恥辱が加わり誇りは高いが我慢強い光秀もその時の心理状態から謀反に傾いていったと推考している。

その一方で〝抑《そもそも》、明智日向守光秀は一僕の者、朝夕の飲食さへ乏しかりし身を取立給、坂本の主として、其上、丹羽国一円被下〟（「当代記」）ことや〝元は低い身分の人物〟（ルイス・フロイス「耶蘇通信」）にして〝瓦礫沈淪之輩〟の光秀が信長に召出され莫大な兵を預けられた（一八ヵ条からなる軍規「御霊神社文書」）などから光秀は織田家随一の重臣まで引き上げてくれた主君信長に対する感謝と恩義の念を忘れることはなかったであろう。

しかしそのことが壁となり、光秀を苛《さいな》み続け、謀反の決行の意志を固めた後も、本能寺の変の直前まで戦略的に決行する日時を模索する一方、謀反することを一人逡巡していたのではないか。

筆者は桐野作人氏の利三首謀者説こそ、変の直前に至るまでの光秀の様子と状況の変化丈でなく光秀の心理面も理解できると考え、全面的に賛同するものである。

筆者は信長の目ざす政治・行政の改革や諸国・朝廷・公家などに対する外交が今までと異なり相容れないから光秀が謀反したとは考えない。

何故なら前例がない改革的思考や事業、巧妙にして先を読んだ戦略的外交は信長そのものであり、重臣たちは情報・経済・軍事などをベースに驚ろくべき行動力をもって幾度も困難をのりきり全てを成功にみちびくカリスマ信長に長年にわたり献身的に仕えてきており、今更、方針が変更になったからといって、それも激変したとしても、更に言えば、たとえ折檻を加えられたとしても光秀側に落度があるわけで今まで目論見通り結果を出す主君を殺すまでは考えないであろうし、光秀も本能寺の変の半年前までは謀反の兆しすらうかがえなかったのである。

従って、首謀者は信長のカリスマ性を直接肌に触れることなく信長に直仕することとなく従って過去に信長に対して畏敬の念をもった経験のない者となろう。

このように考えても、斎藤利三こそが本能寺の変の首謀者で利三の因により、主君光秀が折檻を受けたこと。信長から命ぜられた自害に対する利三の恐怖。四国政策に対する不満などにより信長に対し強い怨恨をもち、苦悩し逡巡していた光秀を煽り突き上げ本能寺へ駆り立てていったと考える。

本能寺の変の後、次のように利三の首謀を示している史料がある。

○六月一七日〝日向守内、斎藤蔵助（利三）今度謀叛随一也、堅田（大

津市）ニ老牢籠、則尋出、京洛中車ニテ被渡、於六条川原ニテ被誅了〃（公家山科言経の日記「言経卿記」）。

○その他、勧修寺晴豊の「晴豊公記」にも〝かれ（利三）など信長打談合衆也〃とあり、「元親記」にも〝扨斎藤内蔵助は四国の儀を気遣に存ずるによってなり、明智殿謀反の事、弥《いよいよ》差急がる〃とあり、利三が四国の事で光秀を謀反へせかせたと記している。

思うに、元亀元年の義弟浅井長政・天正五年の松永久秀・天正六年の荒木村重、そして光秀。これら信長の離叛者は全て、信長が天下布武の印章を使い始めた以降に信長と同盟したか新参した武将たちである。それに対し、岐阜を平定するまでの古参の者たちは誰一人離叛したものはいなかったことも事実である。この事実はその中の一人であり、二〇年以上、信長と同盟の絆を守り続けた徳川家康の後年のリスクマネージメントに強く示唆を与えた。

(四) 光秀の戦略

㋑有職故実《ゆうそくこじつ》に通じ教養高く統率力戦略にすぐれ民政にも卓越した才をもった武将明智光秀は利三の嘆訴に逡巡しながらも、狙った獲物は逃さない冷徹な戦略を準備していたことであろう。

しかし、抜群の財力・情報力・行動力を有し、軍略、政略に際立って優れる希代の強将、主君信長を謀殺することは心を押し潰す程、光秀に重くのしかかり、光秀はそれを撥ね除けることに精魂を傾けねばならなかったであろう。しかも、最後まで謀殺をすることを逡巡し、且つ、極めて内密に事をすすめなければならなかったため、謀反の成功後、織田の各軍団の武将たちとどう闘い、或いは連合するか、又その大義名文をどう掲げるかなどの戦略的準備は殆ど為すことはできなかった。

否、光秀の戦略と目的は結果を考えても、信長謀殺そのものであり、全てであったのではないか。実在する信長は光秀にとって途轍もない巨大な君主であったからである。

㋺本能寺の変直前の光秀の心の奥底にわけいる

〝今まで信長に謀反した多くの武将たちは前もって計画し、準備していたにもかかわらず結局失敗し、信長本人に一矢《いっし》すらむくいることなく滅亡している。

流動的にみえても、素早く情勢をよみ、決定し行動する信長には驚くばかりである。かって、桶狭間の戦いで今川義元を信長が討ち取ったように、信長を射止めるには一瞬にして、しかもピンポイントでなければならない。その又とない機会が五月二九日から四国方面に出陣予定の六月四日までの本能寺での宿泊である。

この内、六月一日は太政大臣近衛前久以下多くの公卿が信長の入洛祝賀の礼のため本能寺に赴く。信忠もおそらく、その日の内に信長のもとを訪れるであろう。

従って一日の朝から二日の朝まで信長が本能寺から離れることはない。二日は島井宗叱や堺衆との茶会が予定されておるようだ。しかし、中国・四国方面の戦況によっては信長が急拠出陣することも考えておかねばならぬ。

よって、本能寺の急襲は六月二日の仏暁でしかない。幸い他の軍団は遠国にあり、しかも、信長の命で亀山から出撃できるとは願ってもないことである。

但し、注意すべきことは（謀反の）漏洩である。このことは（細川）藤孝など軍団の長は勿論、（出陣後の）留守居・重臣にも事前に知らせてはいけない。（目標は）寸前に命じればよい。〃

光秀はそう考えていたと推察する。

信長の嫡男左近衛権中将織田信忠が家康を堺まで案内することを中断し、京都にそれも、本能寺近くの妙覚寺を宿としたとの情報を得た時、逡巡していた光秀の心の靄は既に消え去っていたに違いない。

いずれにしても、光秀は人生で一番優れた戦略により、一方、信長は人生で一番弛緩した隙を衝かれ、結果的に共に本能寺の変で心中させられたようなものではないかと思う。

信長から圧迫された多くの本能寺の変の協力者たちが微笑み哄笑《こうしょう》する姿が浮かぶ。

最終章　光秀は病をかかえていた

（一）天正四年の大病

　それは本能寺の変の六年前、天正四年（一五七六）五月。天王寺砦を守る明智光秀らが本願寺勢の猛攻で絶体絶命の事態に直面。この危機に信長が京から急遽救援に駆けつけ、辛くも、難を逃れた時のことである。直後、光秀は陣中で突然発病した。

　天王寺砦に入る迄の光秀の主要な業績を簡単に振りかえると。元亀二年（一五七一）九月一二日叡山焼き討ちに際し先兵としての働きに効ありて、〝明智坂本ニ城ヲカマヘ、山領ヲ知行ス〟（「当代記」）。〝去て志賀郡明智十兵衛に下され、坂本に在地候なり〟（「信長公記」）と光秀は信長家臣の中で、最初の天主付の坂本城主となる。

その後、天正三年七月惟任日向守に、任官。九月、丹波攻略に赴く。しかし、天正四年一月、光秀に従っていた波多野秀治の謀叛により、丹波は長期戦となる。

四月、本願寺攻めを命じられ、一四日、守口・森河内に布陣。そして、五月三日、天王寺砦に移ったところで本願寺勢の猛攻をうけたのである。

その激しい攻防戦については第一編第八章（一）の本願寺再挙兵でみてきた。

五月七日の激戦で勝利し、九死に一生を得た光秀はその直後、発病。その光秀の様子を一次史料でおってみる。

○五月二三日〝惟日（光秀）以外依所労皈陣、在京也、罷向、道三療治云々〟

（「兼見卿記」五月廿三日条）

光秀は陣中にて発病し、直ちに帰洛し、京都の医師・曲直瀬《まなせ》道三（補㉞）の治療を受ける。
○五月二四日〃惟日祈念之事自女房衆中来〃
（「兼見卿記」廿四日条）
光秀室、妻木《つまき》氏は夫、光秀の病平癒の祈祷を兼見に依頼する。
○五月二六日〃為惟日御見廻自左大将殿（信長）埴原御使云々〃
（「兼見卿記」廿六日条）
光秀の病状を問うため信長は埴原《はいばら》という使者を兼見のもとへ派遣。
○七月一四日〃惟任日向守為見廻下向坂本〃
（「兼見卿記」七月十四日条）
光秀の病を見舞うため、兼見、坂本城に出向く。
○九月一九日〃早々道三所へ罷向之処、坂本、惟任日向守へ罷下云々〃
（「言継卿記」十九日条）

曲直瀬道三が光秀の病治療のため、坂本城に滞在。
○十月十日〝惟日女房衆（妻木氏）所労也、祈念之事申来……向井長、面会〟
（「兼見卿記」十月十日条）

光秀の看病疲れからか、今度は光秀の室が発病。今度は光秀が室の病平癒の祈祷を兼見に依頼している。

この時点で光秀は回復したようである。信長の吏僚で奉行衆の筆頭格の村井貞勝が兼見に面会しており、光秀の回復は信長に報告されたことであろう。
○十月二四日〝惟日女房衆所労験気也、先日祈念祝着之由‐‐‐銀子一枚到来〟
（「兼見卿記」十月二四日条）

兼見の祈祷の甲斐あって光秀の室、回復。夫婦共、兼見に感謝したであろう。光秀はお礼として兼見に銀子一枚を贈った。そして翌年の天正五年二月、光秀は雑賀攻めに従軍することになる。

このように光秀の病は四ヶ月の長期に及んだのであった。

筆者は光秀が発病した時、六一才の高齢（「当代記」より）であることを考え、恐らく老齢化にともなう呼吸機能低下による呼吸器の病気即ち肺炎であったと考える。

季節の変わり目、食住の悪環境下、圧倒的な本願寺勢の襲撃にさらされた状況は大変過酷なものであり、睡眠不足と極度の緊張感から疲労が重なり、肺炎となり、陣中でいきなり意識が混濁したのではないかと考える。

（二）謀反の一因

その後、回復した光秀は後れをとり戻すかのように、目覚しく活躍。丹波・丹後を平定、近畿管領の旗頭として、織田家一番の出世を果す。

しかし、大病の後遺症を全く感じさせない程に気力を振り絞り活躍した反動と長期の病で体力が弱っていたこともあり、加齢とともに疲れやすく徐々に身心共に辛抱することが堪えられなくなっていったのであろう。

ましてや、好奇心旺盛で革新的にして精力的で活力ある信長に対した直後はどっと疲れが出たことであろう。

本能寺の変の前年一月一三日条の「兼見卿記」に惟任日向守為礼下向坂本 - - - 近日所労之間乍自由不可対面之由云〃とあり、親友の吉田兼見が光秀に会う為、坂本城まで出向くも病で面会できなかったと記している。二日後の爆竹（さぎちょう）の準備（第一章（一）㋺）の疲れで倒れたのであろうか。

しかしながら側室も置かず、共に病から回復して、夫婦仲もよく小供の成長を楽しみに頑張っている光秀にとって、天正一〇年の折檻や四国政策の転換による地位低下、信長から命ぜられる重い業務などに堪えることは当り前のことであったであろう。勿論、その背景には主君信長の偉大さを理解していたからかもしれない。

その光秀が何故、重臣斎藤利三の謀反の訴えに引き摺り込まれたのであろうか。

恐らく、加齢に加え、大病後疲れ易く、或いは肺結核に徐々に蝕まれ微熱が続き体力が低下し、利三の強訴を退《しりぞ》けることができない体質になっていたのか。又、推定される吉田兼見の唆しも謀反を決める一因となっていったのではないか。

光秀夫婦にとって、兼見は病を平癒させてくれた命の恩人だったからである。

補㉞
曲直瀬道三《まなせどうざん》

京都の医師。堀部正盛。道三は通称。日本医学中興の祖。将軍をはじめ上流社会の間に厚い信任を得る。

永正四年（一五〇七）～慶長二年（一五九七）。享年九一。

嗟哉

おわりに

十五年前の秋、筆者、六十三歳の時、桶狭間の古戦場の近くに在住の古老から、今川・織田両氏の合戦について〝歴史は両足で立っているその場にある〟ことを教示いただき、以来、一次史料では殆ど分からない青年期までの信長に興味をいだき、翌年の一〇月、地元とゆかりが深い「大高と桶狭間の合戦」を出版したことを今、思い起こしています。

戦国期の歴史については知識も興味も特段の持ち合わせがないサラリーマン定年退職者である筆者が六十八歳になった今日まで信長を一筋に拘ってこられた訳はなにかとふと考えたことがある。おそらくは〝プラス思考にして、絶えることのない好奇心を有する信長〟について考察している内に自然と元気と興味が湧き出し、創作意欲を掻き立てられるのだと納得したこともありました。

さて、十九歳の時、凡そ八百の親衛隊を率いて、戦国の舞台にデビューし、四十九歳の時、十九万人近くの動員力を誇りながらも、わずか百人そこそこの馬廻衆を率いて本能寺で斃れた信長。ここに一騎当千、魅力ある信長と一身に降り懸かるリスクに対する意識不足の信長をみることになります。

さて、思い起こせば桶狭間の戦いを何度もとり上げている時、常に心に痼《しこ》りのように蟠っていたことがありました。それが本能寺の変でした。その真相について多くの研究者が様々な説を唱えられています。しかし、信長もそして光秀も感性が鋭く、果敢な武将なるも、リスク意識即ちリスクマネージメントといった面ではどうであろうか。それも共に絶頂期において。

この様な考えに辿り着いた時、漸く信長に対して何か清々しく向き合うことができそうに思えました。そして、「嗟哉」という言葉を信長に贈ることによりわずか一五年程の信長との極めて個人的な戦いも完結させることができたと考えております。

嗟哉

参考文献

桐野作人「織田信長」新人物往来社。二〇一一年。
桐野作人「だれが信長を殺したのか」PHP新書二〇〇七年。
藤井学「本能寺と信長」思文閣。二〇〇三年。
谷口克広「信長の天下布武への道」吉川弘文館。二〇〇六年。
藤田達生「本能寺の変」講談社。二〇一九年。
藤田達生編「明智光秀史料で読む戦国史」八木書店。二〇一五年。
和田裕弘「信長公記」中公新書。二〇一八年。
服部徹「信長四七〇日の闘い」風媒社。二〇〇八年。
〃　「諫死にあらず」　〃　二〇〇九年。
〃　「信長の鷹」　〃　二〇一二年。
岡田正人「織田信長総合事典」雄山閣。一九九九年。

谷口克広「織田信長家臣人名辞典。第2版」吉川弘文館。二〇一〇年。
榊山潤「信長公記（上）（下）」ニュートンプレス。一九八〇年。
林屋辰三郎「日本の歴史天下一統」中央公論社。一九六六年。
篠田達明「戦国武将の死生観」新潮社。二〇〇八年。
横山住雄「武田信玄と快川和尚」戎光祥出版。二〇一一年。
〃「織田信長の尾張時代」〃二〇一二年。
小和田哲男「今川義元」ミネルヴァ書房。二〇〇四年。
荒木六之助「関白秀次評伝」一九八一年。
渡邉大門「明智光秀と本能寺の変」筑摩書房。二〇一九年。
明智憲三郎「本能寺の変四二七年目の真実」プレジデント社。二〇〇九年。
河内将芳「信長が見た戦国京都」洋泉社。二〇一〇年。

【著者略歴】

服部　徹（はっとり・とおる）

名古屋市在住。慶應義塾大学法学部卒。

三菱重工業株式会社を定年後経営コンサルタントを経て地域の文化・歴史と尾張時代の織田信長の研究と著作に意欲。

著書に『大高と桶狭間の合戦』（中日新聞社刊）、『信長四七〇日の闘い』『諫死にあらず』『信長の鷹』『信長の残照』（以上風媒社刊）、『英雄は〝なごや〟から羽搏く』（ブイツーソリューション刊）などがある。

【挿絵画家略歴】

塚原　徹也（つかはら・てつや）

名古屋市在住。慶應義塾大学工学部卒。

三菱重工業株式会社定年後、水彩画・書道・合唱などに意欲。

服部徹著「信長四七〇日の闘い」「諫死にあらず」「信長の鷹」などに挿画をする。

嗟哉《あわや》　ＡＷＡＹＡ

織田信長―本能寺の変に至るリスク意識とは
明智光秀―本能寺の変のはたして首謀者なのか

二〇二〇年一月三十日　初版第一刷発行

著　者　服部徹

発行者　谷村勇輔
発行所　ブイツーソリューション
〒四六六・〇八四八
名古屋市昭和区長戸町四・四〇
電　話　〇五二・七九九・七三九一
ＦＡＸ　〇五二・七九九・七九八四
発売元　星雲社（共同出版社・流通責任出版社）
〒一一二・〇〇〇五
東京都文京区水道一・三・三〇
電　話　〇三・三八六八・三二七五
ＦＡＸ　〇三・三八六八・六五八八
印刷所　モリモト印刷

ISBN978-4-434-26848-9